# 境目《さかいめ》の戦国時代

上杉・武田・北条のはざまを生き抜いた人びと

大貫茂紀 著

小さ子社

# 目次

【凡例】

○史料引用に際し、頻出する刊本は以下のように略記した。

『上越市史』別編1・2　上杉氏文書集一・二→『上』（文書番号）、『群馬県史』資料編7中世3→『群』（文書番号）、『信濃史料』→『信』（通巻−頁数）、『戦国遺文』武田氏編→『戦武』（文書番号）、『戦国遺文』後北条氏編→『戦北』（文書番号）

○上杉謙信・景勝や武田信玄・勝頼など、時期により呼称が変化する者がいる。その場合、史料の引用部分以外は便宜上、一般的によく知られている呼称で統一して表記した。

# プロローグ ——境目とは何か——

## 1 前近代の境界

読者の方は、「境界《きょうかい》」と聞いてどのようなものをイメージするだろうか。試しに『日本国語大辞典』(小学館)を引いてみると、最初に「土地のさかい。また、国のさかい。」と書かれている。ここから派生して「物事のさかい」を表す場合があるものの、我々は主として地理的な区切りを「境界」という言葉で表現している。しかし、前近代(江戸時代以前)と近代以降とでは、「境界」の概念そのものがだいぶ異なっていることをご存じだろうか。

現在、国境をはじめとして、都道府県・市町村の境、さらには隣家との境に至るまで、「境界」は基本的に面積をもたない一本の「線」によって認識・表現される。ところが、前近代においては、一定の空間的広がりがあり、その空間内部は帰属がはっきりしないという性質をもっていた。このような境界を日本中世史の研究者は、文献史料にみえる言葉で「境目《さかいめ》」

と呼んでいる。

もちろん、隣家との境のようにごく身近なレベルであれば「線」によって区切られることも多いであろうが、区切られるものの対象が大きくなればなるほど、境界は線というにはほど遠い、あいまいな「境目」となっていく。その最たるものが国境であろう。

前近代の国境については、次節で詳しく説明するとして、ここでは本書で中心的に扱う戦国時代の境目についてみていこう。

戦国時代の史料には、「境目」という言葉がしばしば登場する。先に述べた境目の性質を踏まえると、大名「領土」の境界は線で表現されるようなものではなく、支配地域の周縁部には帰属があいまいな領域が広がっていたことになる。

だが、高校で使用されている日本史の教科書を確認してみると、戦国大名の勢力範囲を示す日本地図には、大名ごとにくっきりと線引きされ、色分けされた「領土」が示されている。こうした大名の群雄割拠図は、高校生にわかりやすく戦国大名を解説するための手段なのかもしれないが、あくまで現代人の感覚による表現であり、ややもすれば前近代においても境界は一本の線で引かれ、なおかつ多くの人がその存在・位置情報を共有していたという誤解を招きかねない。

戦国大名の「領土」については、中世史研究者の鈴木良一氏が一九六三年の論文で的確に表現されているので、まずは氏の言葉を掲げ、そのあと補足説明したい。

戦国の争乱すなわち無原則の分裂混乱という誤解に関連して、戦国の争乱すなわち全面戦争の連続という誤解がある。大名たちは確定した一円的な領土をもち、押しつ押されつ取りつ取られつしているかに、なんとなく信じられているようである。しかし、戦国大名の領土は、大小を問わず、誇張していうと、個々の独立した国人・土豪領の集まりであり、それに対応して有力大名の間には多くの小大名が介在し、同盟し屈服し裏切っているのが実情であった。近世大名の領国に比べるなら勢力範囲ともいうべきなのが戦国大名の領国であった。［「戦国の争乱」『岩波講座　日本歴史』8、岩波書店、一九六三年］

鈴木氏の言葉をもう少し砕けた表現で言い換えるならば、戦国大名の「領土」は「確定した一円的な領土」ではなく、「国人《こくじん》」と呼ばれる地域に根ざした拠点をもち、武力を備えた者の「領土」や、さらに小規模な郷村《ごうそん》レベルで勢力を保持する「地侍《じざむらい》」「土豪《どごう》」と呼ばれるような有力百姓らが保持する土地の集合体であった。しかも、上杉氏や武田氏など「有力大名」のはざまには多くの「小大名」的な領主たちが介在しており同盟・離反が繰り返されていたという。

つまり、大名は力づくで「国」をひとつにまとめあげていたわけではなく、国人以下の中小規模の所領をもつ領主層による支持を得なければならず、彼らに担ぎ上げられることによって、はじめて成り立つ存在だったと鈴木氏は指摘しているのだ。

そして、「小大名」的な領主たちの同盟・屈服・裏切りといった離合集散が繰り返されている地域とは、まさしく「有力大名」の「領土」のはざまである境目のことであろう。

鈴木氏は、最後の部分で近世大名と比較して、戦国大名の「領国《りょうごく》」は「勢力範囲」ともいうべきものと結論付けている。この点についてもう少し説明しよう。

先に、戦国大名の「領土」は「確定した一円的な領土」ではないと述べたが、「一円的な領土」とはどのようなものであろうか。簡単にまとめるとおおよそ次のようになる。中世の荘園制では、本所《ほんじょ》・領家《りょうけ》・荘官《しょうかん》などの諸階層がひとつの土地のなかで重層的に権利（耕作権のほか、年貢徴収や土地の支配・処分権など）・利益を分有していた。それを一人の領主が掌握し、他人の権益を排除した状態が「一円知行《いちえんちぎょう》」である。つまり、大名が支配領域内の権益を単独でもつことを意味する。

さらに、境目の視点からもうひとつ、別の意味をつけ加えることもできるだろう。たとえば現代において、東京都内であっても埼玉県境に近いところでは埼玉県知事の影響力が及んでおり、その影響は無視できない、などといったことは絶対にありえない。近代以降の行政区画では、定められた区域の中心部であろうが端のほうであろうが等質に権限が及び、隣接する行政の影響力が及ぶことはない。これも「一円的」な支配形態のひとつといえよう。

以上を踏まえると、近世大名、つまり江戸時代の藩主やそのほか幕府から知行地を与えられた者の場合、基本的には単独で権益をもち、なおかつ等質に権限が及ぶものだったと捉えることができる。鈴木氏は「単独で権益をもつ」ことだけを想定していたのかもしれないが、筆者は「等質に権限が及ぶ」点も重視したい。

反対に、戦国大名の支配領域では、その権限・影響力が等質に行き渡らないのが普通であり、大名の拠点から距離的に近いか遠いかだけではなく、山岳地帯や川の流路など自然地形の影響を受ける場合や、旧来からの支配・被支配といった人的関係によるものなど、様々な要素が絡み合って「勢力範囲」を形成していたことになる。

以上、鈴木氏の研究によりながら戦国時代の境目について説明してきたが、本書は境目からの視点で戦国大名、ひいては戦国社会をみていこうとするものであるため、鈴木氏の議論を踏まえて大名の支配領域については、「勢力圏」「勢力範囲」という表現を基本的に使用している。

境目は、現代人がイメージする境界とはまったく異なっていることを読者の方にも幾分かは理解していただけたと思うが、研究者でさえもこの前提を忘れがちで、あたかも一本の線によって区切られた領域のなかで、一円的支配が確立されていたかのように議論を展開している場合も見受けられる。

本書では、この忘れられがちな境目にあえて注目し、一定の空間的広がりをもつ境目内部の具体的な様相をみていくことで、一般的にはあまり知られていない戦国社会における別の一面を描き出していきたい。

## 2　中世日本の境界――外浜と鬼界島

前近代の境界認識は、日本国内だけにとどまらず外部との境界、つまり朝廷や幕府の支配が及ぶ限界域についても同様であった。本書の舞台となる中世――といっても戦国の世からだいぶ時代は遡るが――鎌倉幕府の支配が及ぶ東西の限界域として、度々登場するのが外浜《そとがはま》と鬼界島《きかいがしま》である。現代人の方位感覚からすれば、それぞれ北限・南限と言いたいところだが、中世人の感覚では、天皇がいる京の都を中心として列島は東西に延びていたようである。

外浜といえば、現在の青森県津軽半島の北東部に外ヶ浜町という行政町がある。ただし、この町は二〇〇五年に蟹田《かにた》町・平舘《たいらだて》村・三厩《みんまや》村が合併して生まれたもので、古代以来の外浜はもっと広い範囲を指していた。

『日本国語大辞典』によれば「秋田県の能代平野から青森県の津軽半島を経て下北半島にいたる一帯の海岸の呼称。」と説明されている。しかし、これではあまりに広範囲すぎる。中世において、京の都から船舶で津軽方面へ向かう場合、日本海を利用するのが一般的であり、京に近い津軽半島西側は「内」浜、その先に位置する半島東側、つまり陸奥湾内は「外」浜となる。したがって、先の外浜の範囲をもう少し絞るとなれば、陸奥湾岸一帯を指す呼称というのが適当ではないか。もちろん、当時の人であってもどこからどこまでの呼称なのか、明確には答えられないだろう。

ところで、鎌倉時代に幕府が編纂した歴史書『吾妻鏡《あづまかがみ》』には、平泉《ひらいずみ》に拠点を置いていた奥州藤原氏の初代清衡《きよひら》が、白河関《しらかわのせき》（福島県白河市）から外浜へと至る「奥大道《おくだいどう》」に、道のりを示した標識として一町《ちょう》（約一〇九メートル）ごとに笠卒都婆《かさそとうば》を立てたことが書かれている。

藤原氏はのちに、幕府の創設者　源《みなもとの》頼朝《よりとも》によって滅ぼされたわけだが、その幕府側の編纂者によって、藤原氏は奥羽地域に君臨する大勢力を誇っていたことが記され、同氏の権力が及ぶ限界域として（事実かどうかはさておき）外浜を象徴的に登場させているのは興味深い。

一方、鬼界島は現在の鹿児島県鹿児島郡にある硫黄島《いおうじま》の別名で、鹿児島港から南方約百キロメートルの洋上に浮かぶ小さな島であるが、古代以来、記録や物語にしばしば登場し、『平家物語』では俊寛《しゅんかん》の流刑地となっている。流刑地といえば、外浜の先にある蝦夷島《えぞがしま》（現在の北海道）は鎌倉幕府が流刑地のひとつとして利用しており、両島は東西の境界域という共通点をもつ。

また、『平家物語』において鬼界島の住人は「人ではあるが人とはみえない様相で、鬼のようだ」と評されている。後述するが、こうした描写は京都といういわば「中央」に住んでいる作者によって創造されたひとつの辺境イメージである。

さて、外浜と鬼界島の両所が登場する史料として、曾我《そが》兄弟の敵討《かたきう》ちで有名な『曾我物語』がある。同物語は鎌倉時代後期から室町時代初期にかけて成立したとされ、敵討ちの話についてはどこまでが真実なのか不明であるものの、創作された当時の人びとの境界認識を読み取ることができる。その部分の概略をみてみよう。


源頼朝と側近安達盛長《あだちもりなが》が伊豆走湯山《そうとうざん》（伊豆山神社・静岡県熱海市）に参籠した際、盛長がみた夢のなかで、箱根へ行った頼朝が左足に奥州外浜を踏み、右足に西国鬼界島を踏み、左右の袂《たもと》に日月を宿し、小松三本を髪かざりとしつつ南へ向かって歩いていた、という。

盛長の夢について、平景義《たいらのかげよし》という者が夢判断をしたところ、東は平泉の藤原秀衡《ひでひら》の館まで頼朝が支配するであろうこと、西は平家が都落ちして四国・西国の者たちを味方にしようとも、最後には平家一族を滅ぼし、余すところなく頼朝が支配するであろうご示現だとした。さらに、左右の袂に日月を宿すことの意味は、天皇・上皇のご後見役となって、日本の大将軍となることのご示現、小松三本を頭に挿したことは、子孫三代までは天下に威勢を広げるご示現ということだった。

ざっとこのような話なのだが、もちろん夢の内容は頼朝の生涯に則して創作されたものである。しかし、鎌倉時代後期から室町時代初期頃の人びとのなかで、幕府の支配領域の境界を指し示す場所として、外浜と鬼界島の両所が共通認識としてあったからこそ、頼朝が踏む場所に選ばれたのだろう。

ただし、両所が幕府支配の限界地として固定されていたというわけではなく、ましてや境界が一本の線によって区画されていたわけでもないことは、これまで説明してきた通りである。

中世日本の境界について研究している村井章介氏は、「境界を語るテキストはほとんど中央の知識人の手になるが、その情報源はかれらの実体験ではなく、境界空間に生きる人々（これを「境界人」と呼ぼう）の諸活動（なかんずく交易）に発する諸情報である。そこで境界人の視座から境界空間を見直すならば、境界のゆらぎという現象は、境界人の活動範囲ののびちぢみで説明できるだろう。」として、「境界空間を根拠地とする勢力の活動が、活発化して異域奥ふかくまで達すれば、そこで獲得された情報が中央に還流して、境界を外におしひろげる。逆に活動の衰退は境界をちぢませるだろう。交易ルートがのびればより遠くのようすがわかってくる。その情報が中央に還流した結果、日本のはてが外へとずれることになり、それを表現することばもゆれ動く。」と述べている。

外浜やその先にある蝦夷島、そして鬼界島は、幕府がある鎌倉や朝廷がある京など、いわば「中央」の人びとからみれば、鬼の住む辺境の地であり流刑地なのだが、「境界人」からの視点でみれば、商業や貿易が盛んにおこなわれている生産活動の活発な場であった。

外浜とは津軽半島を挟んで反対側、つまり半島西側に位置する十三湊《とさみなと》は、北方交易の拠点として栄え、蝦夷の人びとやその先にある大陸との交易を担っていた。一方、鬼界島は交易品となる硫黄の産出地であるとともに、琉球・中国、さらには東南アジアへとつながる交易ルートの中継地でもあった。村井氏は「境界人」の視点から、日本周辺地域における彼等の活動や社会を明らかにしている。

ひるがえって国内へ目を向けると、戦国大名の視点からみた一般的にイメージされる境目は、「国盗り合戦」の舞台として単に彼らの「領土」が線引きされる場に過ぎず、たとえ、そこにスポットを当てたとしても、戦場を逃げ惑う民衆の姿をステレオタイプに描写するだけの場合が多いだろう。

だからこそ、境目に本拠を置く領主や住人たちの視点から、彼等の活動や境目の社会、そして大名を描く必要があり、それによって戦国時代をより立体的にみることが可能になるのではないか。

## 3 戦国大名の分国意識と境目

話を戦国大名の境目に戻そう。先述した日本史の教科書に載る大名の勢力図をみて、お気づきの読者も多いと思うが、その境目は古代律令制下で定められた地方行政単位である「国」の境界と重なるところが多い。

「国」は「信州」(信濃国＝長野県)、「上州」(上野国＝群馬県)といったように、とりわけ「郷土」を表現したい場合の名称として現在でもよく使用されている。こうした「国」の境界と大名間の境目には、どのような関連性があるのだろうか。本節ではこの問題について触れておきたい。

現在、大名の「領土」を示す言葉として、「領国」が一般的に使用されている。これは学術用語なのだが明確な定義は存在せず、各研究者が独自に定義づけ、あるいは定義づけもなく使用しているのが現状だ。

文献史料において、大名は自ら支配する領域のことを「分国《ぶんこく》」と称している場合が多い。「分国」の意味については『国史大辞典』（吉川弘文館）のなかで、三鬼清一郎氏が次のように説明している。

律令制下の地方行政単位である国が知行の客体となり、事実上の所領化したもの。（中略）南北朝から室町時代にかけては、守護が軍事支配権をもつ国を自己の領国とすることによって、分国化は進展していった。戦国大名においても、みずから支配する領域を分国と称する場合があるが、それは、将軍から統治を委ねられているということを強く意識するからである。（傍線は引用者による）

つまり、大名が「分国」という言葉を使用した背景には、将軍から国の統治を委任されているという意識があった、ということになる。

大名たちはどのような意味合いで「分国」を使用していたのか、ここで確認しておこう。そもそも古代律令制の時代、国郡制《こくぐんせい》（国郡里制《こくぐんりせい》ともいわれる律令国家による地方行政区画の体系）が施行され、各地に国・郡が設置された。

平安時代中期以降、上皇《じょうこう》・女院《にょいん》（天皇の母や皇后、後宮、皇女などのうち、朝廷から「院」「門院」の称号を与えられた女性）や東宮《とうぐう》（皇太子）といった皇族の収入のため、一国または数国を指定して知行権が与えられた。そこへ自分の近臣を国司《こくし》として任命・派遣し、現地で中央に上納すべき租税を徴収させた。これが「分国」のはじまりである。

鎌倉時代、将軍が天皇より与えられた知行国を「関東御分国《かんとうごぶんこく》」と称した。知行国主である将軍は御家人を国司に任命し、「分国」から収益を得ていたのである。

一方で幕府は全国の軍事行政を統轄するため、国ごとに守護を置いた。守護は南北朝〜室町時代を通じて権限を徐々に拡大し、任命された国を守護自身の所領にしていく。やがて彼らは守護大名となって、室町幕府の統制下から逸脱していった。

しかし、守護はあくまで将軍から任命されるものであり、各国の統治は将軍から委ねられた権限だった。このような背景のもと、守護が将軍から統治を委任された国という意味で、当時「分国」という言葉が使われたのである。

しかし、応仁の乱以降、室町幕府による全国統治の秩序や権威が低下するとともに、守護大名の一部、たとえば駿河今川氏や甲斐武田氏などは独自に領内を再編成し、戦国大名へと変化していく。そうしたなかでも彼らは自分の領内を示す言葉として「分国」を使用し続けた。

戦国大名自身は「分国」とその境界（国境）について、どのように認識していたのか、ここで少し具体例をみてみよう。上杉謙信《けんしん》や武田信玄《しんげん》の国境認識については、福原圭一氏の研

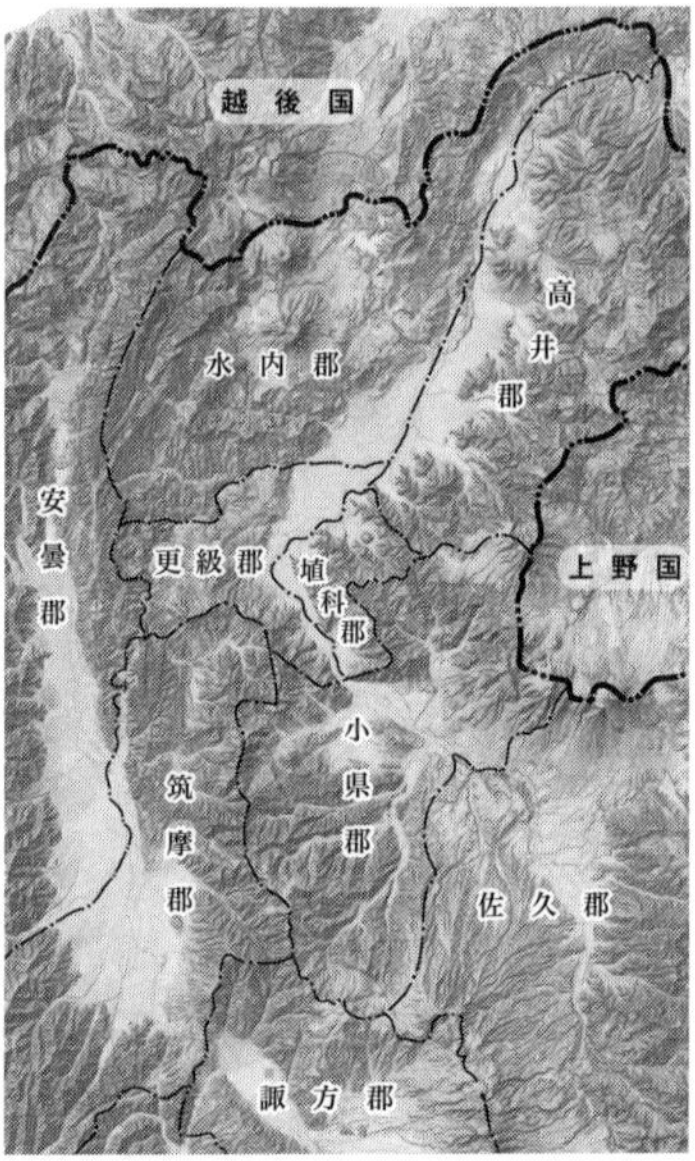


信濃国埴科郡・小県郡 位置図
（国・郡境は『国史大辞典』信濃国略図による）

究成果がある。氏は、謙信の場合、信濃国における武田氏との戦いのなかで埴科《はにしな》郡と小県《ちいさがた》郡との郡境を「国境」として認識しており、「謙信の意識は、「国」には縛られていないが、「郡」を単位としていた」と結論づけている。

なぜ謙信がそのような意識をもっていたのかといえば、謙信以前の時代から越後守護・守護代が公権力として信濃北部を影響下に置いていたことが背景にあったという。

つまり、謙信が越後国の実質的な「国主」となった際、それ以前の越後守護が保持していた「分国」を意識していたわけで、「「郡」を単位としていた」こともあわせて考えると、やはり謙信は国郡制による境界を重視していたといえよう。

一方、武田信玄の場合について福原氏は「信玄が信濃一国の一円支配を志向していることは明らかで、信濃守護職に補任されることで、これを正当化したのだと考えられる。」として、信濃北部が謙信の「分国」となっている現状を踏まえ、信玄は謙信対策として自身の信濃守護職への補任《ぶにん》をはかったとする。そして、「信玄の意識する『国境』は、国郡制による「国」の境界、つまり信濃と越後の「国境」そのものであった」と結論づけている。信玄においても、国郡制を踏まえたうえで信濃守護職への補任を目指していたことがわかる。

では、国郡制を踏まえた「分国」を意識していた大名は、「将軍から統治を委任された国」という認識をもっていたのであろうか。この疑問を解くために分国法をみてみよう。分国法とは戦国大名が制定した法のことで、高校の日本史教科書でも戦国大名の特質を表すもののひとつとして登場する。「分国法」という語句自体は、学術用語として近代に入ってからつくられたものなので、そこに大名たちの認識は含まれていない。

駿河今川氏の分国法のなかに、ひとつ注目すべき条項がある。今川義元《よしもと》の代につくられた「かな目録追加」第二十一条である。

守護不入《ふにゅう》の土地の事について。（中略）「前々からの規則によって守護使《しゅごし》不入である」と主張するのは、将軍家が全国にわたってご命令を下され、各国の守護が（将軍によって）任命されていた時のことである。（その時代に）守護使不入とされているならばどうして、将軍のご命令に背くことができようか。できるはずもない。しかし現在は総じて、（今川が）自分の力量によって国の法度を浸透させ、国内を静謐にしているのだから、守護（今川）の干渉をまったく許さないということは、これまであろうはずがない。（後略）

「守護使不入」とは、特定の荘園や公領などにおいて、守護の派遣した者（守護使）が領内へ立ち入って税を徴収したり、犯罪人を逮捕したりするなどの職務行使を幕府が禁止したことを意味する。

義元は、将軍の命によって国を治めている守護公権ではなく、自分の力量で国を治めているのだから、国内の領主たちが「将軍の命による守護使不入の土地だ」と主張して、今川氏の介入を拒否しようとしても、それは通用しないと述べている。

この条項は、室町幕府から任命される守護とは質的に異なる性格の権力として、今川氏が自らを位置付けたものであり、戦国大名の自立性を示すものとして注目されてきた。しかし、裏を返せば「かな目録追加」でわざわざこのようなことを書き加える必要があるほど「守護使不入」を法的根拠として、今川氏の介入を拒む領主が多かったことが窺える。

大名がいくら「自分の実力で支配している」と言ったところで、素直に従う者ばかりだったわけではなく、大名の干渉を嫌ってあらゆる手立てを講じるしたたかさをもった領主も少なからずいたのである。

義元が「守護使不入の土地であるという主張は通用しない」と「かな目録追加」で宣言したところで、たちどころに義元の思惑通りに事が運ぶかといえば、それほど簡単にはいかなかったであろう。

結局、戦国大名は、強力な軍事力だけで領内の者たちを服従させることはできず――そもそも、その軍事力を構成しているのは領内の者たちであるのだが――自らの支配の正統性をどのようなかたちにせよ家臣や民衆にアピールし、納得させ、支持を得る必要があった。このような背景があったからこそ、大名は「分国」という言葉を利用したのだろう。つまり、「将軍から統治を委任された国」という認識が大名になかったとしても、統治者が使用する・すべき言葉として、人びとの意識のなかに浸透していたのではないか。

そのように考えれば、今川氏や武田氏のような守護大名に出自をもたない北条氏でさえ「分国」を使用していたことも納得できる。相模北条氏（小田原北条氏・後北条氏ともいう）初代伊《い》勢《せ》宗瑞《そうずい》（北条早雲《そううん》という名が一般に知られているが、北条を名乗ったのは二代目氏綱の時である）は、元々室町幕府の御家人で、駿河今川氏の内紛の際に下向し、伊豆国を攻略した後、相模国小田原を奪って本拠地とした経歴をもつ。また、北条氏の場合、「分国」の指し示している具体的な領域は、事例によって異なっているようだ。

もちろん、「分国」とはいっても国境に境界線が引かれていたわけではなく、実態としては極めて曖昧なものであったことはいうまでもない。

## 4　本書のねらい

本書は境目の視点から戦国社会をみていくことに重点を置いている。同様な視点からの研究は、一九八〇年代に入って登場した。七〇年代までの戦国期研究では、大名が如何に自国内の支配体制を築いていったのか、大名の発展過程を描くことに中心が据えられていた。つまり、戦国時代は戦国大名が主役の時代であることを前提として、彼らの先進性・独自性が追究され、積極的な評価が与えられてきたのである。

しかし、七〇年代末から八〇年代にかけて、それまでの大名への評価に対して批判的な研究が出てきた。ひとつは「戦国大名とはそもそも何者なのか」といった戦国大名の存在そのものへ疑問を投げかけた研究である。もうひとつは戦国時代を「村」の視点でみていこうという流れである。前者について、ここでは深く立ち入らないが、「村」からの視点による研究についてては本書との関連もあるため、もう少し説明しておきたい。

八〇年代、村落共同体に注目する研究が勝俣鎮夫・藤木久志両氏を皮切りに盛んになっていった。勝俣氏は、中世の領主と村との関係を、領主による領民保護義務と、それに対する地下《じげ》（百姓など一般庶民）の忠節・奉公といった双務的関係として位置付けた。つまり、氏はこれまでの研究で前提とされてきた大名の「実力」による一方的な支配という考えを否定し、領民保護という義務を果たすことによって、はじめて地下の忠節・奉公が得られることを指摘したのである。

次に藤木氏は、戦国期村落の自立性を高く評価するなかで、「武装する村」の存在を見出し、村が紛争解決の主体となって様々な独自の作法を作り上げていたことを明らかにした。

中世畿内近国の場合、入会地《いりあいち》（共同利用地）や田畑へ引く用水の共同管理、荘園領主や守護の収奪に対する減免要求、そして戦乱による略奪などに対する自衛などを背景として惣村《そうそん》が形成されていく。惣村では、村独自の法である「惣掟《そうおきて》」、警察権・裁判権を自ら行使する「自検断《じけんだん》」、そして領主から荘園管理や年貢徴収を請け負う「地下請《じげうけ》」などが広がっていくことは現在の高校の日本史教科書にも書かれているが、こうした村の自立性を高く評価し、大名権力を相対化したのが藤木氏の「自力の村」論だった。これ以後、七〇年代までの大名・領主像は大きく転換していくこととなる。

同時期、境目に注目が集まり研究が進んでいった。これは単なる偶然ではない。大名権力側の視点で歴史を描くのではなく、村などの被支配者側の主体性・自立性を重視しようとする研究動向のなかで、境目はそれらがより明確に表れる場としてクローズアップされたのである。

ところが、境目に腰を据えてその内部の様相をじっくりと描き出す研究よりも、どちらかといえば被支配者側の自立性・主体性を論じるなかで、つまみ食い的に境目を利用する研究が多かった。そうしたなかで、具体的事例というパズルのピースは生まれたものの、それらがどのように組み合わさって、どのような全体像がみえてくるのか、あまり説明されることはなかった。

そこで、パズルのピースを組み合わせ、境目の全体像を読者の方にお見せしよう、というのが本書のねらいである。

## 5　本書の構成

本書に登場する境目の舞台は、上野国（群馬県）を中心とした上杉・武田・北条三氏の勢力圏が中心となる。上野国は「戦国大名の草刈り場」とよく言われるように、強力な大名が成長することなく、中小領主が割拠していた地域だった。視点を広くとれば、上野そのものが境目だったとも言えよう。

そのような地域で弱小領主が生き残っていくためには、情報をいち早く収集・分析し、知恵を働かせ、状況に応じた戦略を講じていく必要がある。先に挙げた大名「御三家」の境目であればなおさらである。結果、個性に富んだ領主たちの姿が史料から浮かび上がってくることとなった。こうした「境目領主」の生き様を観察することで、境目の特質がみえてくるだろう。民衆についてもまた同様である。

以上のような理由から上野国を中心としてみていくわけだが、だからと言ってひとつの地域の特殊事例として済まされるものではなく、本質的な部分においては全国各地の境目と共通性があり、普遍的な要素をもっていると筆者は考えている。さらに言えば境目というのは、大名間の場だけに存在するものではなく、中小領主の支配領域のはざまなど、様々なシチュエーションが想定できよう。史料の残存状況などといった制約はあるものの、全国的な視点で戦国社会を考える際、境目は有用な素材を提供してくれる。

さて、本書の構成について触れておこう。第Ⅰ部「境目の社会と民衆」は、戦国時代における社会の具体的様相を「境目に生きる人びと」の視点でみていこうというものである。第一章「境目とはどのような場か」では、様々な事例を参照しながら、境目の特質について考えてみたい。大名による情報統制や境目における人びとの交流に注目するほか、「半手《はんて》」と呼ばれる村落の政治的動きなどについてもみていくこととしたい。

続いて第二章「戦乱のなかを生き抜く」では、境目が戦場となった場合、人びとは生き延びるためにどのような行動をとっていたのか、そして、なぜ戦場となるような危険な地域に住む者たちがいたのか、といった疑問に迫っていく。

第Ⅱ部「戦国大名のはざまで生き抜いた領主たち」は、何人かの境目領主にスポットを当て、彼らがなぜ境目で勢力を保つことができたのか、あるいは保つことができなかったのか、その答えを探る。第一章「国境の管轄者」では、上・越国境において活動していた栗林《くりばやし》次郎《じろう》左衛門尉《さえもんのじょう》に注目し、彼と上杉氏との関係、国境の様相や境目に出陣する地侍たちの姿をみていく。

第二章「「根利通」をめぐる領主たちの攻防」では永禄年間(一五五八〜七〇)を中心に、赤城山の東山麓を通る「根利通《ねりみち》」を舞台とした領主たちの攻防に迫る。

第三章「小川可遊斎の活躍」では小川可遊斎《かゆうさい》という沼田地域の領主にスポットを当て、彼が上杉—北条—武田へと従属先を変えつつも上杉氏とのパイプを維持した様子について、続く第四章「境目の消滅」では、戦国末期に境目が消滅していくなかで、境目領主たちがどのような行動に出たのか、みていくこととしたい。

なお、読者の便宜をはかり、簡略な地域図(本書の舞台全体図、東上野地域図、沼田・上田荘地域図、千国道筋地域図)と年表を次に掲げた。適宜参照願いたい。

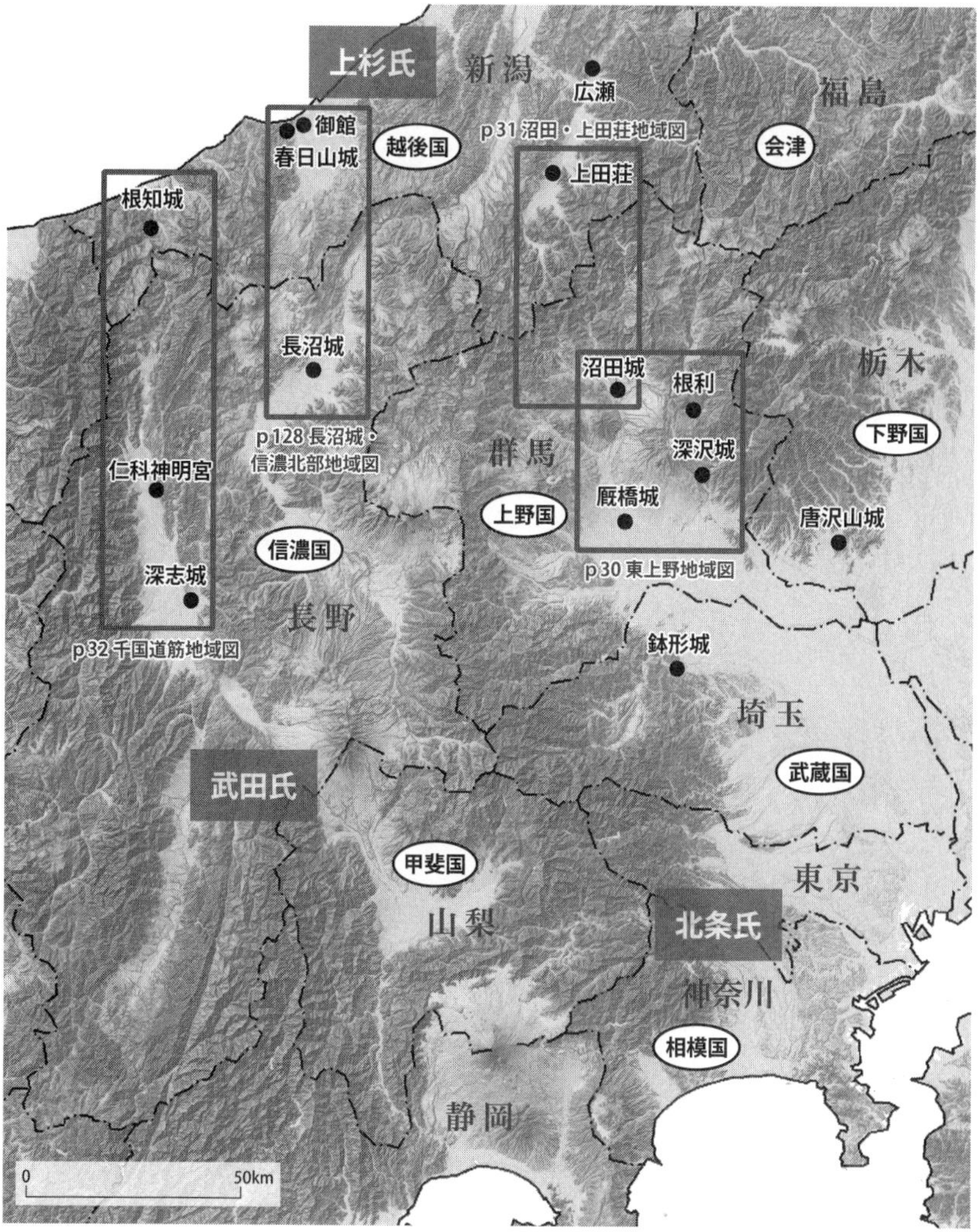


本書の舞台全体図

（ー・ー は現在の都県境）

＊本書掲載地図の地形は、国土地理院地理院タイル（陰影起伏図、傾斜量図）を加工したものです。

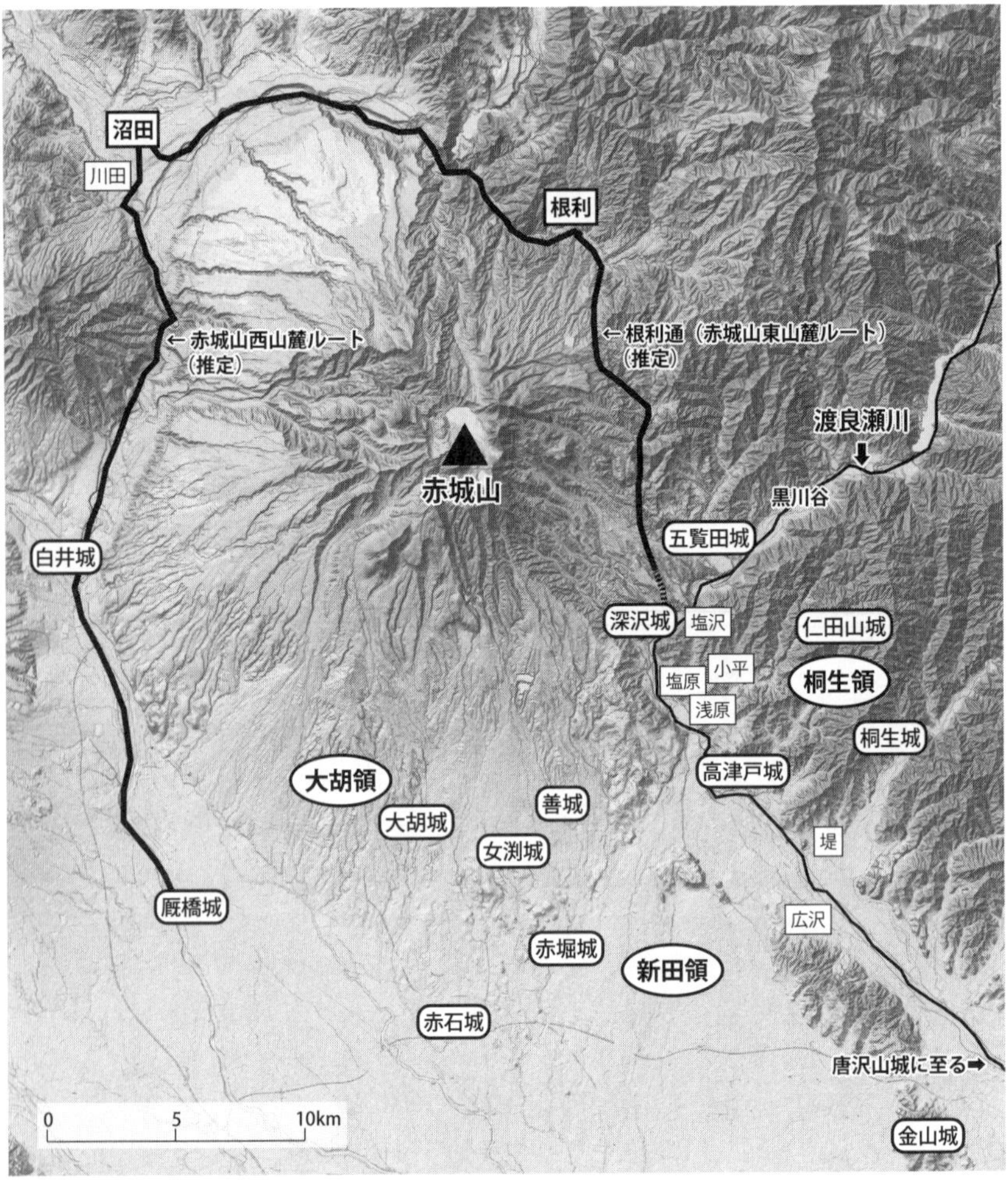


東上野地域図

（川の流路は現在のもの）

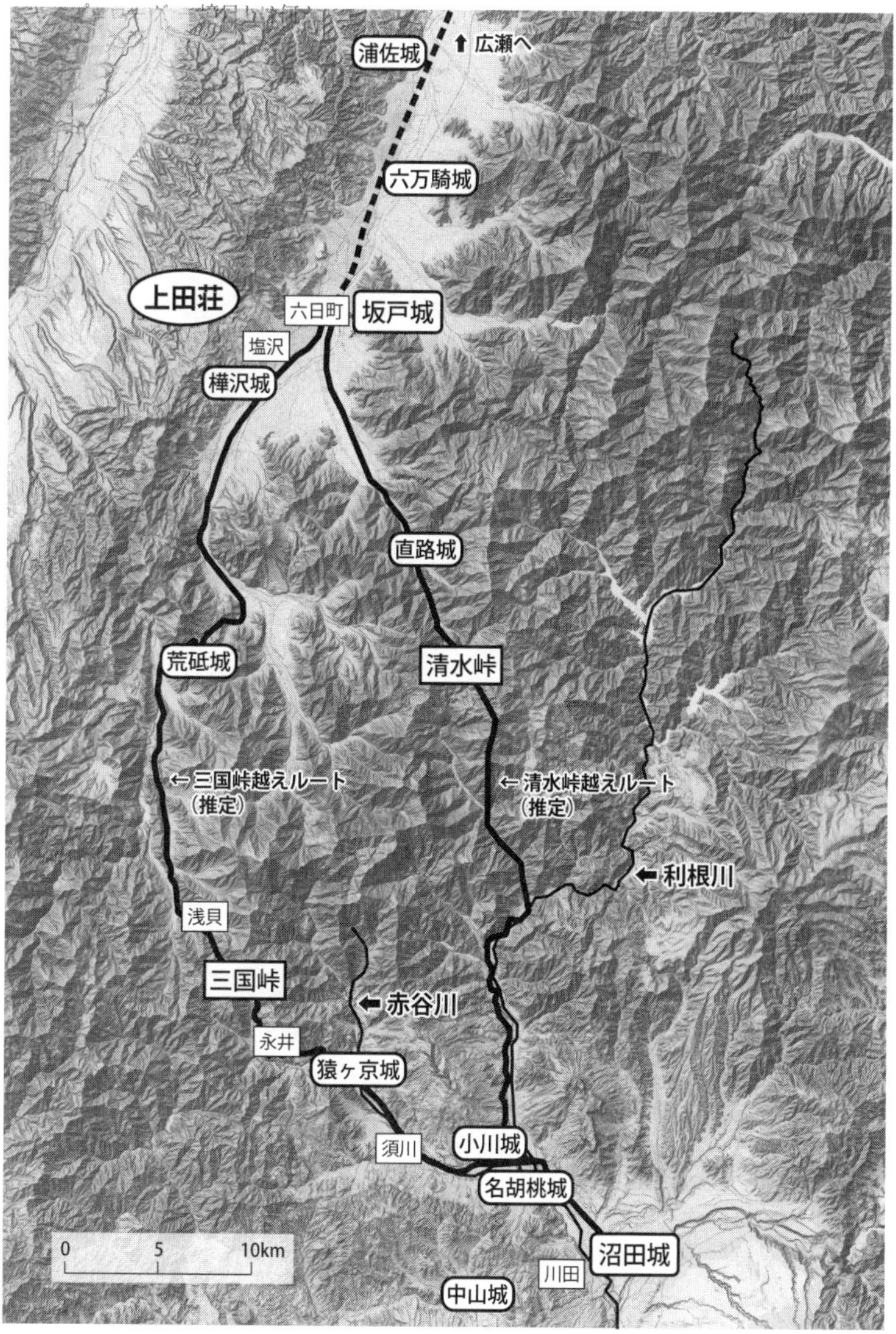


沼田・上田荘地域図　　　（川の流路は現在のもの）

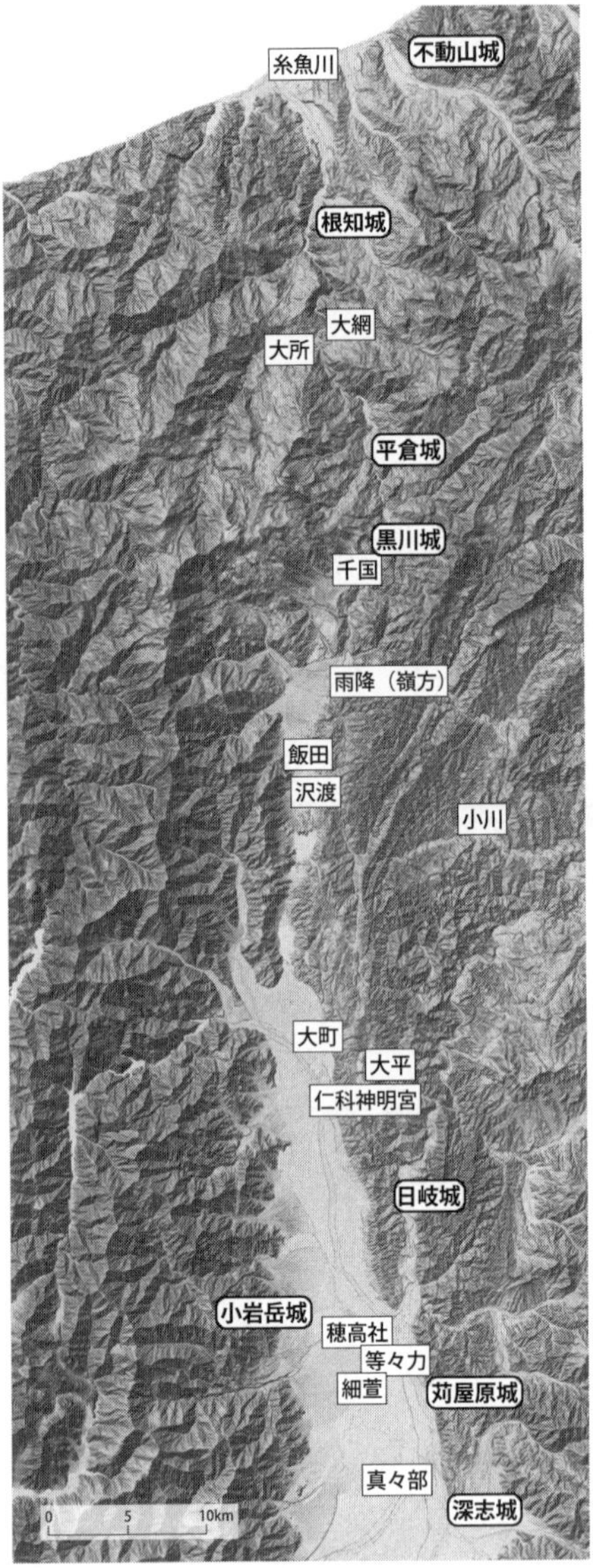
不動山城
糸魚川
根知城
大網
大所
平倉城
黒川城
千国
雨降（嶺方）
飯田
沢渡
小川
大町
大平
仁科神明宮
日岐城
小岩岳城
穂高社
等々力
細萱
苅屋原城
真々部
深志城
0
5
10km

千国道筋地域図

## 年表

上杉・北条・武田の関係（⚔…敵対　＝…同盟）：上杉 ⚔ 北条＝武田 ←

【千国】…千国道筋・安曇郡・仁科氏に関する事項
【上田】…越後上田荘・長尾氏・栗林氏に関する事項
【沼田】…沼田・根利通・東上野地域に関する事項

| 年次 | 西暦 | 戦国大名関係事項 | 本書関係地域に関する事項 |
|---|---|---|---|
| 天文19 | 1550 | | 【千国】4月22日　諏訪高島城へ派遣されていた武田家臣駒井高白斎が仁科道外と対面。<br>【千国】7月15日　武田軍が深志へ侵攻、小笠原長時は逃亡。仁科道外は武田方へ出仕。 |
| 天文20 | 1551 | | 【上田】正月15日　上田長尾氏当主政景と上杉謙信との争いの中で、政景は発智長芳へ援軍を送る旨を知らせる。<br>【上田】8月　長尾政景が謙信へ和議を申し入れ、謙信は姉を政景に嫁がせる。 |
| 天文21 | 1552 | 5月　北条氏康に本拠平井城を追われた関東管領上杉憲政が謙信を頼って越後へ入る。 | 【上田】5月　上杉憲政、長尾政景に山中路次整備を命じる。<br>【千国】8月12日　武田軍が安曇郡の小岩岳城を攻略。小笠原勢をほぼ一掃。 |
| 天文22 | 1553 | | 【千国】閏正月24日　仁科匠作(盛康)が初めて武田方に出仕。 |
| 天文23 | 1554 | 武田・北条・今川の三国同盟が結ばれる。 | |
| 弘治3 | 1557 | 3月～9月　第3次川中島合戦。 | 【千国】7月5日　武田軍が安曇郡の小谷城を攻略。 |
| 永禄元 | 1558 | | 【沼田】沼田顕泰が家督を継いだ三男の朝憲を殺害、川場村で合戦となり、顕泰・平八郎父子が逃亡、のちに上杉謙信を頼る。 |
| 永禄2 | 1559 | 12月　北条氏政が家督を継ぐ。 | 【沼田】北条康元が上野沼田氏の名跡を継承し、沼田に在城。 |
| 永禄3 | 1560 | 8月末　謙信が関東へ進発、翌年6月まで関東遠征。 | 【沼田】9月　謙信が沼田城を攻略。沼田顕泰を再び入城させる。 |

上杉＝北条
⚔
武田

| 年号 | 西暦 | 出来事 | 沼田・上田 |
|---|---|---|---|
| 永禄5 | 1562 | | 【沼田】謙信が河田長親を沼田城へ入れる。その後複数の城将を沼田に置く体制に。 |
| 永禄6 | 1563 | 6月18日　和田城主和田業繁が武田方に属す。 | |
| 永禄7 | 1564 | | 【上田】7月5日　長尾政景が急死。 |
| 永禄9 | 1566 | | 【上田】栗林次郎左衛門尉が、謙信から猿ヶ京の人質の上田荘への移送と浅貝城普請を命じられる。<br>【沼田】9月5日　上杉氏から離反していた由良成繁・国繁父子は、北条氏康・氏政連署起請文を入手。<br>【沼田】12月　厩橋城の北条高広が上杉氏から離反。この頃、館林の長尾景長も北条方へつく。 |
| 永禄10 | 1567 | 今川・武田両氏の対立が決定的となり三国同盟が決裂。 | 【沼田】3月初旬　真田幸綱の策により武田方は白井城を攻略。<br>【沼田】3月7日　小川可遊斎が謙信から越後-佐野間の過書(通行手形)を与えられる。<br>【沼田】4月頃　上杉氏は根利に関所を設置。管轄者発智長芳と阿久沢氏との間でもめ事。<br>【沼田】10月　上杉氏は唐沢山城を攻略し、在城衆を引き連れ沼田城へ。同城を佐野昌綱に預けるが、昌綱はすぐに北条氏へ従属。 |
| 永禄11 | 1568 | 3月13日　越後国村上を本拠とする本庄繁長が武田氏と通じて挙兵。<br>12月　武田軍が駿河今川領へ侵攻。北条氏康は武田氏と断交し、上杉氏との同盟を模索。 | |
| 永禄12 | 1569 | 6月頃　越相同盟の締結。翌年4月、北条氏康の子三郎が謙信の養子となり、上杉景虎を名乗る。 | 【沼田】上杉と北条間の同盟交渉において、発智氏、阿久沢左馬助、小川夏昌斎がそれぞれの役割を担って奔走。 |
| 元亀2 | 1571 | | 【上田】5月　栗林次郎左衛門尉が武田方との人質交渉に従事。浅貝城完成。 |

上杉 ⚔ 北条＝武田 ← 上杉＝武田 ⚔ 北条 ←

| 元号 | 西暦 | 出来事 |
| --- | --- | --- |
| | | 10月3日　北条氏康死去。12月末に氏政は上杉氏との同盟を破棄し、武田氏との甲相同盟を復活させる。<br>【沼田】桐生領をめぐって上杉氏と由良・北条氏との間で戦闘が繰り返される。 |
| 元亀4 | 1573 | 4月12日　武田信玄死去。<br>【沼田】3月　由良氏が桐生城を攻め、桐生又次郎は城を明け渡す。 |
| 天正2 | 1574 | 【沼田】2月　上杉軍が沼田に着陣。 |
| 天正3 | 1575 | 【上田】正月11日　謙信は養子の長尾顕景を上杉景勝と改名させる。 |
| 天正5 | 1577 | 【千国】9月　仁科盛信配下の等々力次右衛門尉が上杉方の城々への案内者として活動。 |
| 天正6 | 1578 | 3月13日　上杉謙信死去。景勝・景虎による跡目相続争い(御館の乱)が勃発。北条軍は景虎支援のため越後へ侵攻。<br>6月　越甲同盟が成立。<br>【上田】7月5日　北条軍の主要部隊が上田荘へ侵攻。<br>【沼田】7月17日　北条軍が沼田城を攻略。 |
| 天正7 | 1579 | 3月24日　上杉景虎自害、御館の乱は収束へ向かう。武田・北条両氏の関係は悪化。<br>9月　武田・北条両氏が駿河・伊豆国境で対峙。武田勝頼の妹が上杉景勝へ嫁す。<br>9月5日　北条氏政と徳川家康の同盟が成立。<br>【沼田】小川可遊斎が、北条氏と上杉景勝との和睦を取りもつため、越後へ派遣される。 |
| 天正8 | 1580 | 8月　北条氏直が家督を継ぐ。<br>【沼田】3月　小川可遊斎が北条氏から武田氏へ寝返る。<br>【千国】8月　武田氏が不動山城(糸魚川市)まで進出していた。仁科盛信が等々力次右衛門尉に馬市の開催を指示。<br>【沼田】8月　真田昌幸が沼田城を攻略。 |

| | | | |
|---|---|---|---|
| 天正9 | 1581 | | 【上田】6月　栗林治部少輔が、景勝から荒砥城在城を命じられ、知行地とともに肥前守の受領名を与えられる。 |
| 天正10 | 1582 | 1月下旬 | 木曽義昌が武田方から織田方へ寝返り、織田軍が信濃へ侵攻。 |
| | | | 【千国】3月2日　仁科盛信が織田軍と闘い自害。 |
| | | 3月11日 | 武田勝頼自害、武田氏滅亡。 |
| | | | 【千国】3月　木曽義昌が織田信長から安曇・筑摩二郡を与えられる。 |
| | | | 【沼田】3月　滝川一益が上野国と信濃国佐久・小県の二郡を領し厩橋城主となるが、本能寺の変後に撤退。 |
| | | 6月2日 | 本能寺の変、織田信長死去。 |
| | | | 【千国】深志城に小笠原貞慶が入り、安曇郡南部を支配。 |
| | | | 【沼田】沼田地域で真田方への北条軍の攻撃が活発化。 |
| 天正11 | 1583 | 2月 | 景勝が羽柴(豊臣)秀吉と提携する。 |
| | | | 【千国】2月　仁科一族・被官らが謀叛の企てにより小笠原貞慶に討ち取られる。 |
| | | | 【千国】小笠原貞慶が筑摩・安曇両郡をほぼ勢力下におさめる。 |
| | | 8月 | 徳川家康の娘が北条氏直へ嫁し、同盟が成立。 |
| | | | 【沼田】11月　金山城の由良国繁と館林城の長尾顕長が北条氏から離反。 |
| 天正12 | 1584 | | 【沼田】5月1日以前　阿久沢彦二郎が由良氏配下から北条方へ寝返る。 |
| | | | 【沼田】12月28日頃　金山城・館林城が北条氏に降伏。両城は北条氏に明け渡される。 |
| 天正13 | 1585 | 7月 | 真田昌幸が徳川家康を離れ、上杉景勝と同盟関係となる。 |
| | | | 【沼田】小川可遊斎が景勝の配下として会津蘆名氏への使者として活躍。 |
| 天正16 | 1588 | | 【沼田】8月　桐生城・足利城にそれぞれ移されていた由良氏と長尾氏が再び北条氏から離反。翌年2月19日に由良氏が降伏、3月3日に長尾氏も降伏。 |

| | | | |
|---|---|---|---|
| 天正17 | 1589 | | 【沼田】8月 豊臣秀吉の仲介により、沼田領が真田・北条両氏の間で分割。沼田城は北条氏へ明け渡され、猪俣邦憲が在城。 |
| | | | 【沼田】11月1日頃 北条方の沼田城将猪俣邦憲が真田領の名胡桃城を占拠。 |
| 天正18 | 1590 | 3月1日 | 豊臣秀吉が小田原に向けて出陣。 |
| | | 7月5日 | 北条氏直が降伏、小田原城開城。 |
| 慶長3 | 1598 | 正月10日 | 景勝が秀吉から会津への国替を命じられる。 |
| 慶長5 | 1600 | | 【上田】栗林肥前守が景勝の命で鶴渕城(日光市)の普請に携わる。 |
| | | 12月22日 | 関ヶ原合戦。 |

# 第Ⅰ部　境目の社会と民衆

# 第一章　境目とはどのような場か

## 1　開かれた境目

### (1) 境目の特質1　つながり続ける人間関係

戦国時代の境目について、その具体的様相をこれからみていくわけだが、まずは境目の地域社会を描いた軍記物語にみえるエピソードをひとつ紹介しよう。

「加沢記《かざわき》」という群馬県利根・吾妻両郡を舞台の中心とした軍記がある。著者の加沢平次左衛門《へいじざえもん》は江戸時代のはじめに生きた人で、初代沼田藩主（在任期間は明暦二年〈一六五六〉から天和元年〈一六八一〉まで）真田《さなだ》伊賀守信直《いがのかみのぶなお》に仕えた家臣（文官）だった。

「加沢記」には合戦場面が生き生きと描かれているが、彼は元禄五年（一六九二）に死没したと伝えられることから、合戦の経験はないと思われる。おそらく古老からの聞き取り調査や、文献史料を収集するなど、実際に現地を歩いて基礎調査を積み重ねたうえで執筆したのだろう。

その内容は、信州上田から沼田にかけて支配していた真田氏の活躍を中心とするもので、ちょうど真田幸綱《ゆきつな》（幸隆《ゆきたか》）・昌幸《まさゆき》父子の時代と重なっている。天正十八年（一五九〇）北条氏滅亡を最後のトピックとして、都合四十九年間、約半世紀の歴史を叙述している。

後世に物語性をもたせて書かれた軍記であり、ほかの同時代史料などとの比較検討が必要ではあるものの、信頼性のある書状類も多く引用されているため、当該地域の研究には、かかせない史料となっている。

さて、「加沢記」には沼田地域の地侍《じざむらい》（郷村《ごうそん》に勢力をもつ地域の有力者）たちの様子も描かれており、彼らが境目においてどのような行動をとっていたのかが垣間見られる。以下、少し長くなるが当該部分について現代語訳したものを掲げる。

天正十年（一五八二）三月に武田氏が滅亡したのち、沼田地域は真田昌幸の勢力下にあった。同年六月二日、本能寺の変で織田信長が討たれたことにより、織田家臣で関東に入っていた滝川一益《たきがわかずます》の軍が上野国から撤退した。すると南方から北条氏が勢力を拡大すべく沼田へ向けて北上してきた。

十月に真田・北条両軍の大規模な合戦があり、昌幸も沼田に在城した。その後、「川田《かわだ》地衆《じしゅう》」がことごとく北条方へ寝返り、中山（高山村）へ行ってしまったという報告が昌幸のところに上がってきた。川田（沼田市上川田町・下川田町）の地侍たちは真田を見限って、北条方の中山城主赤見《あかみ》山城守《やましろのかみ》に属したのである（三一頁「沼田・上田荘地域図」参照）。昌幸は、山名《やまな》信濃守《しなののかみ》・発知《ほっち》図書《ずしょ》の両人にその責任を負わせ、彼らの領地三分の一を没収した。

　翌天正十一年三月上旬、鉢形《はちがた》城（埼玉県寄居町）主北条氏邦《うじくに》が白井《しろい》（渋川市）に着陣した。氏邦は、昨年赤見山城守に属した川田地衆の平井加兵衛《ひらいかひょうえ》という者を沼田へ潜入させ、昌幸に不満をもっているであろう山名信濃守らを味方につけようと試みた。平井はまず川田に残っていた小林文右衛門《こばやしぶんえもん》の所を訪れた。小林は大変喜んで平井を迎え入れた。平井は「今回、やむを得ず北条の味方となったが、岩本村を拝領した」と言って、その証文を小林に見せた。小林は「去年中山へ忠信した人びとのことを詳しく聞きたい。私も北条に味方しようと思う。山名殿も去年領地を没収されて恨みが深いから、北条方になるだろう」と言った。

　すると平井は当主北条氏直《うじなお》から赤見へ渡された書付《かきつけ》の写しを小林に渡した。そこには昨年北条方へ寝返った者たちの名前が記されていた。小林は書付を受け取り、「私も北条方になろう」と言って平井をもてなして帰した。小林が早々に主人である祢津幸直《ねづゆきなお》へこのことを報告したところ、祢津は大変喜んだ。

〔「加沢記」『沼田市史』資料編1別冊〕

ざっと以上のようなことが書かれている。小林文右衛門はもちろんのこと、平井加兵衛も元々は川田の地侍であり、平時は（地主的）百姓、有事の際は武装して城へ駆けつけるような人びとだった。そのような者たちを北条氏や真田氏は「地衆《じしゅう》」と呼んでいた。彼らは大概、村・郷といった共同体単位で組織されており、大名の軍事力を担う一角として欠かせない存在だった。

「加沢記」には、平井氏が所持していたという北条氏直の書付が掲載されており、「中山地衆」「沼田牢人《ろうにん》」「須川《すがわ》衆」のうち、北条方へ寝返った人びとの名前が列記されている。このほか「下川田衆十二人、上川田衆十一人」と書かれ、都合五十七人が赤見山城守の統轄下に置かれていたことがわかる。

この書付の写しの信憑性についてはさて置き、北条方と真田方に分裂してしまった川田衆のなかで、平井氏がいとも簡単に小

加沢平次左衛門の墓（沼田市下川田町）

林氏の家を訪れ、話ができたことは注目すべきであろう。ひとつの地域のなかで敵味方に分かれてしまったとしても、どうやら元からの人間関係は、早々に崩壊するわけでもなかったようだ。たとえこのエピソードに潤色が加えられていたとしても、読者が不自然に思わないと考えたからこそ、加沢は書き記したのだろう。

こうした地域の人びととのつながりを大名たちは利用していた、あるいは利用せざるを得なかった。右のエピソードのように敵方の離反を促したり、あるいは敵方の勢力圏内に忍び込ませて情報収集させたり、時には殺人を奨励したりする場合もあった。このあと、さらに具体例をみていこう。

### （2）境目の特質2　大名たちの情報収集の場

境目は様々な階層・職業の人びとが集散する場であった。そのため、全国各地の大名・領主の動向など、政治・軍事に関する情報も多く飛び交っていた。大名たちも当然それは心得ており、情報収集の場として境目を利用したり、反対に自国の軍事情報などが敵方に漏洩しないよう遮断したりする必要もあった。

そこで、まずは大名がどのような方法で情報統制をおこなっていたのか、越後（新潟県）の上杉謙信《けんしん》とその跡を継いだ景勝《かげかつ》を事例としてみていこう。舞台は、先の「加沢記」にみたエピソードと同様、沼田地域である。

上杉謙信のライバルとしてよく知られる甲斐（山梨県）の武田信玄《しんげん》は、信濃へ進出した後、上野へと勢力を伸ばしていった。謙信にとって越後から関東へ進出するための橋頭保として、沼田城が重要な位置を占めていたのだが、沼田地域にも武田方の勢力が迫ってきていた。

そうしたなかで、永禄十一年（一五六八）三月、越後国村上《むらかみ》（新潟県村上市）を本拠とする本《ほん》庄繁長《じょうしげなが》が武田氏と通じて挙兵した。越中（富山県）へ出陣していた謙信は帰国し、五月に村上へ派兵、十月二十日には自ら出陣することとなった。

出陣四日前の十六日付で、謙信は沼田城将の松本景繁《かげしげ》ら四名へ宛てて書状を送っている。その内容は「以前の書状で知らせたように、越後国内で「人留《ひとどめ》」（通行規制）をおこなうと、沼田との往還が不自由になってしまうため、沼田において諸口（上杉領内への出入口）の「人留」を油断なく早々に実施せよ」というものだった。さらに続けて「入手した情報によると、会津（福島県）から沼田へ通じる道を使って、本庄が武田の使者と自由に連絡を取っているとのことである。両者の連絡を遮断するために念を入れ、本庄・武田の使者であることを判別できる人物に監視させせよ」と指示している。

つまり、謙信は沼田諸口の人の出入りを規制することで、武田・本庄両氏の連携を断とうとしていたのである。さらに、自身が出陣してから十～十五日の間は、厳しく「人留」せよ

沼田城遠景

とも命じており、上杉軍本隊の動静についての情報が武田方に漏れることも防ごうとしていた様子が窺える。

「人留」に関する史料は、謙信死去後、次の当主となった上杉景勝の時代にも確認できる。天正七年（一五七九）のものと推定される広瀬（新潟県魚沼市）衆の佐藤平左衛門尉《へいざえもんのじょう》へ宛てた景勝書状では、越後国内において「人留」をおこなっていたことがみえる。景勝は「佐藤のところから会津へ行く道が二筋あるので、以前のように所領をもたない者にでも命じて、四・五人ずつ番所に彼らを置き、厳重に人の通行を規制するように」と指示している。佐藤氏のいる広瀬周辺から会津へと通じる二つの道筋に、人の通行を監視する番所が設置されていたのである。

さらに続けて「もし会津の蘆名《あしな》氏が「人留」に対して不審を抱き、当方に咎めだてしてきたら、「いつも越山（ここでは、上・越国境の山々を越えて関東へ入ることを意味するが、広く「山々を越えること」をいう。なお、現代では一般的に「えつざん」と読まれているが、十七世紀初頭にポルトガルの宣教師が編纂した『日葡辞書』では、「おっさん」と読んでいる。）の時には諸口を「人留」していること、さらに会津から関東へ様々なことが伝わってしまうため「人留」するのであり、蘆名氏をおろそかに扱っているわけではない」と返答しなさい」と、景勝は友好関係にあった蘆名氏への弁明内容まで細かく佐藤氏へ伝えている。つまり、越後国内の情報が会津経由で関東へ伝わることを恐れ、景勝は「人留」をおこなっていたのである。では、なぜ景勝は国内の情報が関東へ伝わることを懸念していたのか。

天正六年（一五七八）三月、謙信死去を契機として、その養子である景勝と景虎《かげとら》による跡目相続争い「御館《おたて》の乱」が勃発した。この戦いは翌

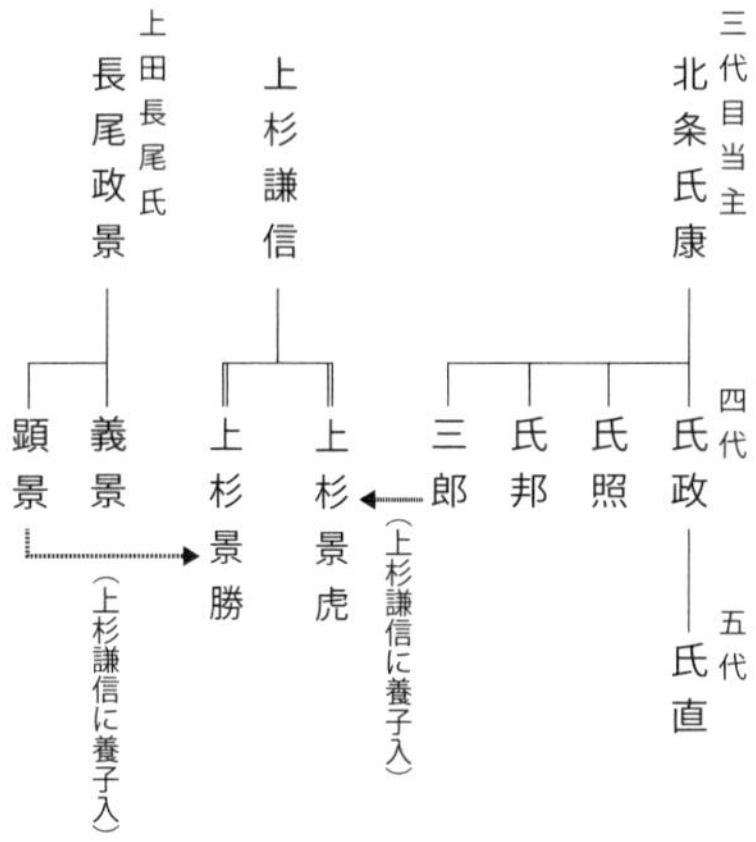

上杉景勝・景虎系図

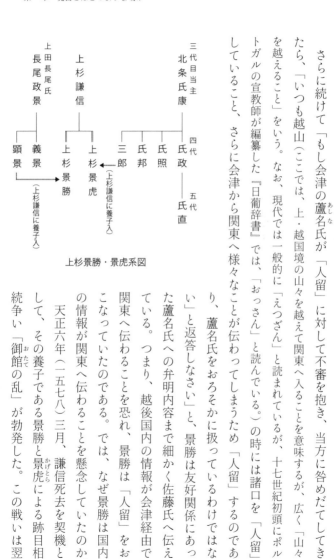

天正七年三月、景虎の自害によって収束へと向かう。しかし、景虎派だった栃尾《とちお》城（新潟県長岡市）の本庄秀綱《ほんじょうひでつな》や三条城（同三条市）の神余親綱《かなまりちかつな》らの抵抗が依然として続いていた。これら越後国内の景虎派の連中と、景虎の実家であり、乱の最中には援軍を越後まで派遣していた関東の北条氏が連絡を取り合い、再び反撃してくることを景勝は懸念していたのであろう。

以上のように、上杉謙信・景勝は情報統制の手段として、人の通行を規制する「人留」をおこなっていた。その際、監視役として「本庄・武田の使者であることを判別できる人物」「所領をもたない者」が指定されているが、実際に従事した者はおそらく地侍や百姓（中世では農民だけではなく広く一般庶民のことを指す）など地元の住人たちが中心だったであろう。

では反対に、「人留」によって遮断されていた情報を敵方の大名たちはどのように入手していたのだろうか。上杉氏と対峙していた武田氏や北条氏の事例をみてみよう。

上野国和田城（群馬県高崎市）は永禄七年（一五六四）当時、武田氏の管轄下に入っており、元々の城主和田業繁《わだなりしげ》と武田方から送り込まれた金丸忠経《かねまるただつね》の両氏が中心となって上杉氏の襲来に備えていた（三〇頁「東上野地域図」、一四一頁「厩橋城周辺図」参照）。

同年四月九日、和田・金丸両氏は、武田信玄への取次役《とりつぎ》である原昌胤《はらまさたね》へ書状を送った。そこには「三月二十日、敵の上杉方と思われる者が、和田城下を流れる烏川《からすがわ》周辺の様子を探っていましたが、それを発見した飯島小次郎が捕縛したので、甲府へ送ります。詳細については甲府にてご尋問してください。」と書かれている。

捕縛された不審者は実際に甲府へ送られたようで、今度は武田信玄から四月二十六日付の返書が和田・金丸両氏のもとへ届いた。「和田城下で捕縛した者を甲府において問いただしたところ、上杉方の斥候《せっこう》だったことが判明したので、召し捕った飯島小次郎へ褒美を与える」と書かれている。さらに続けて「和田城へ山宮《やまみや》ほか鉄炮衆などの援軍を派遣する」ことを伝えている。

飯島小次郎は信濃国伊那郡を本拠地とする飯島氏に関係する人物と推定されており、当時和田城に在城していた。ここで注目すべきは、和田・金丸両氏が書状のなかで「飯島小次郎が捕縛した」とわざわざ名前を書き記し、それに対して信玄が彼に褒美を与えている点である。このことは敵方の者を捕縛して甲府へ送ると、褒美をもらえることが周知されていた可能性を示している。

さて、次の史料は和田氏と同様、上杉氏との境目に所領をもっていた原孫次郎《はらまごじろう》に対して、武田氏が元亀三年（一五七二）正月二十七日に発した朱印状《しゅいんじょう》（大名家の公文書として、花押のかわりに朱色の印を捺した印判状）である。

厩橋《まやばし》（群馬県前橋市）と沼田との間を往復している敵方の者を討ち取ったり生け捕った

りしたならば、身分の区別なくどんな者でも（信玄から）ご褒美が与えられる。また、一途に忠節を人並みはずれて尽くせば、望みのものを（信玄が）用意されるとの旨、厳重に（信玄が）ご命令されたことは、前記記載の通りである。［漆原氏文書・『戦武』一七七三］

ちなみに、同日付で同文の朱印状がもう一通、別の場所にて確認されていることから、武田氏は右の内容を地域一帯に広く周知させようと、実際にはもっと多くの朱印状が発給されていたであろうことが指摘されている。

また、宛先の原氏は五年前の永禄十年（一五六七）三月二十八日、武田氏から漆原《うるしばら》（群馬県吉岡町）の土地を与えられた。その際、漆原は「境目」の地であることから、原氏が現地を差配するために「直判《じきはん》」（信玄が花押を据えた文書）が渡された。つまり、利根川東岸は上杉方、西岸は武田方となっていたのだが、漆原をはじめとした流域一帯は境目となっており、政情が不安定だったことが窺える。

以上を踏まえて、元亀三年の朱印状の内容に戻ると、沼田城と前線拠点の厩橋城（前橋市）とを結ぶ上杉氏にとって極めて重要な道が利根川東岸を通っていた。武田氏は厩橋城を孤立させようとして、同道の遮断を考えていたのだろう。

しかし、大河川である利根川の対岸だったことから、直接部隊を派遣し常駐させておくことは難しかった。武田氏が、身分の区別なくどんな者でも敵方の者を殺害もしくは生け捕りにしたならば褒美を与えるとしたのは、境目の住人たちの協力がなければ通路遮断はできないと判断したためであろう。彼らであれば、上杉氏が支配していた利根川東岸において、いわゆるゲリラ的な活動をおこなうことも可能だった。

自らの統制や影響力が及びにくい境目において、大名は地域住人に褒美を与えることで協力を得ようとしていたのであり、それは住人側からみれば都合の良い「稼ぎ」だった。そうであるならば、境目の住人が積極的に敵方の情報を大名へ売っていたことも想像に難くない。

元亀元年（一五七〇）九月、上杉方の厩橋城将だった北条高広《きたじょうたかひろ》は「境目の者が箕輪《みのわ》（群馬県高崎市）において入手した情報を昨日の午後八時頃、私のところへ知らせに来たので、ご用心のため急ぎそちらへご報告します」と、敵方武田氏の拠点である箕輪城において、境目の住人が入手した武田方の情報を上杉謙信重臣の山吉《やまよし》氏へ報告している。「急ぎ」ということは、上杉方にとって緊急を要する内容だったことが窺われる。この時、北条《きたじょう》氏のもとへ情報をもってきた住人には当然「情報料」が支払われたであろう。

次に相模北条氏の事例を確認してみよう。天正十年（一五八二）二月、武田氏の勢力下にあった信濃国内へ織田軍が侵攻してきた際、北条氏当主氏政《うじまさ》は織田軍に関する情報がなかなか入ってこないことに焦っていた。彼は弟の鉢形城主北条氏邦へ書状を何度も送り、織田軍の動向について問い合わせている。

氏政が二月十六日付で送った書状には「西上野の半手《はんて》の郷《ごう》においては、どのような秘密事であっても、その場その場で褒美を与えれば敵方の策略を聞き確かめることはたやすいだろう」として、「半手の郷」から情報を入手するよう指示している。

次節で詳述するが、半手とは境目の村や郷が敵対する大名双方に対して、年貢などの納入を折半にしてもらうことで、大名側との間に一定の距離を保っている状態のことをいう。

氏政は、半手の郷の住人について、敵方の情報を入手しやすい立場にあり、褒美を与えればこちらが欲しい情報を簡単に仕入れることができる存在と認識していた。

これまでみてきたように、半手を含む境目の住人は、敵対する大名双方の勢力圏を自由に往来できる立場にあった。そのため双方の大名に関する情報を比較的簡単に入手することができ、一方の大名へ情報提供することによって報酬を得ている者もいた。大名側も敵方の情報収集をおこなう際には、境目の住人を積極的に利用していたのである。

### （3）境目の特質3　商売の場

次の史料は、武田信玄の親類衆である穴山信君《あなやまのぶただ》が今川氏滅亡後、元々今川氏の御用商人だった者たちへ発した条書《じょうしょ》（用件を箇条書きにした文書）である。

定める半手における商売の事

一、売買の様式は、償い銭のやりとりと同様、水川《みずかわ》郷において、お互いに川端へ出て商売すること。

一、敵方（徳川方）より鉄炮・鉄を確実に出してきた場合、二・三百疋の購入分を運ぶことができる荷運び用の馬を派遣すること。

一、この条書に名前が載っていない商人が商売することを禁止する。もし違反する者がいたら、見かけ次第荷物を奪い捕ること。

右、この旨を守り、今後は商売しなさい。

［内閣文庫所蔵「判物証文写」今川二・『戦武』三九一七］

本史料について言及している藤木久志氏は、第一・二条について「敵味方の商人たちが仲立ちして、この国境の川原に互いに出会い、身代金を取り交わして生け捕りを取り戻す。そんな習俗があったのを利用して、武田方は敵方の商人との大がかりな武器の取引を目論んでいた」と説明している。

当時、大井川を境として東側が武田領、西側が徳川領となっていた。水川郷は大井川の西岸に位置し、元々は徳川領だったと思われるが、「半手における商売」と最初に書かれていることから、同郷が半手になり、その川岸が商売をおこなう場所となっていたことがわかる。第二条では、徳川領から来た商人が武器やその原料である鉄をもってきたならば、大量に買い付けることを穴山氏は指示している。

続いて第三条では、この条書に名前が載っていない商人が商売することを禁止している。おそらく本史料の宛名となっている松木氏ほか九名の商人が武器取引を独占的に扱う権利を穴山氏から得たのだろう。同時に、武器が横流しされ、武田氏以外の者へ渡ることを警戒したものと考えられる。

したがって本史料は、穴山氏が武器類の大量購入を松木氏たちに依頼し、取引をおこなう場所と武器の輸送を指示するとともに、松木氏たちが独占的に取引をおこなうことを許可したものとなる。大名間の敵・味方といった関係にとらわれない商人間のつながりを通じて、武田氏は武器を購入していた。半手である水川郷は取引の場として都合がよかったのである。

このような商取引は、半手だけでおこなわれていたわけではなかった。敵対する大名間の境目において定期的に市が開かれていた事例もある。武田信玄の時代である元亀二年（一五七一）三月九日付の岩手盛信《いわてもりのぶ》へ宛てた武田家朱印状をみてみよう。岩手盛信は武田氏の親類筋に当たる者で、対上杉氏の前線拠点だった長沼城（長野市）に在城していた。朱印状には「境目において双方が出会い、ひと月に六度、日を決めて会合せよ。法に背いてみだりに出入りしないよう、厳重に商人たちへ命じること。」と書かれている。

ひと月に六回の「会合」とは、商売をおこなうために市を開くことであり、上杉・武田両氏の境目において月に六度、市が開かれていたことになる。つまり六斎市である。

ほかにも市を開く場所が異なるだけで、ほぼ同内容の史料が武田勝頼《かつより》の時代である天正五年（一五七七）九月二十四日に出されている。市の場所は現在の長野県南木曽町にある田立《ただち》という美濃に接した場所で、敵対する織田氏との境目である。先ほどと同様に六斎市を開くことが認められている。

宛先は山村良利《やまむらよしとし》という者で、彼は信濃木曽谷一帯を勢力下に置いていた木曽氏と武田氏に両属していた重臣と考えられている。したがって、境目における市立てに関して、先の岩手氏とともに武田氏と直接つながりのある者が管轄していたことは確かなようだ。

とくに注目すべきは、両朱印状ともに後半部分で敵方から来た商人が勝手に武田領内へ出入りしないよう、厳重に通達することを岩手・山村両氏に指示している点である。

ほかの大名、たとえば上杉謙信の場合は商人の領内への出入りに関して、どのように対応していたのだろうか。沼田における事例が史料上から確認できる。謙信は沼田城の在番衆へ「敵地から諸商人が出入りしているとの事であるが、そうするのがよいだろう。しかし、よくよく人びとの争いに用心するのは当然である」と伝えている。つまり、上杉氏の場合は境目どころか、城下にまで商人を入れていたのだが、争いごとが生じやすかったようである。ただ、それ以上のメリットがあったからこそ、城下での商売を許可していたのだろう。

武田氏の場合、岩手・山村両氏のような信頼の置ける者が境目の市を管轄していた。その理由は、万が一に備えて商人を厳重に監視する必要性があったことのほかに、武田氏にとっても市における商売を許可することで税収を得るなど、直接的なメリットを享受することができたためでもあろう。

また、境目において定期的に市が開かれ、人びとが集まる場が存在したということは、それだけ多くの人が居住していたということでもある。半手の市と同様、敵方の領内からも商人がやってくるため、普段手に入らないような品物を手に入れることができるなど、市が開かれることは周辺地域の住人にとっても有益なものだった。

## 2　境目の住人たち

### (1)敵対する大名双方へ年貢を半分ずつ納める――半手の世界

前節において、北条氏が「半手の郷」から武田方の情報を入手しようとしていた様子をみた。現在残されている史料上から半手の存在を確認できる場所は限られているが、関東とその周辺地域では、これも先述した遠江国（静岡県西部）の武田・徳川両氏の半手、ほかに常陸国（茨城県）の岡見《おかみ》・多賀谷《たがや》両氏の半手、下野国（栃木県）小山《おやま》領、東京湾岸においても北条・里見《さとみ》両氏の半手が確認できる。

ここでは、半手とはどういったものなのか、東京湾岸における半手の具体的様相を先行研究によりながらみてみよう。

相模北条氏に関する逸話を集めた軍記で、江戸時代初頭に成立したとされる『北条五代記《ほうじょうごだいき》』には、半手について具体的な話が載っている。

　北条氏直と里見義頼《さとみよしより》が対立していた時期、相模・安房両国の間には東京湾がひろがっていたが船で渡海するには近かった。そのため、敵も味方も軍船を多く所有し、戦いが止むことはなかった。夜になると小船一・二艘で浜辺の里へ盗みを働きに来て、またある時は五十艘三十艘でやってきて浦里に放火し、女・子どもを略奪し、すぐに海へと戻っていった。こうした状況に対して三浦半島の村々では、北条氏を通さず私的に和睦し、里見方へ年貢米を送り、「半手」と称して平穏な夜を取り戻した。生け捕りされた男女は、里見方へ内通して買い戻した。それで、夜になると敵も味方も海賊が渡海してくるだろうと、浦里の者たちに触れまわって用心し、海賊の話題は日夜止むことがなかった。

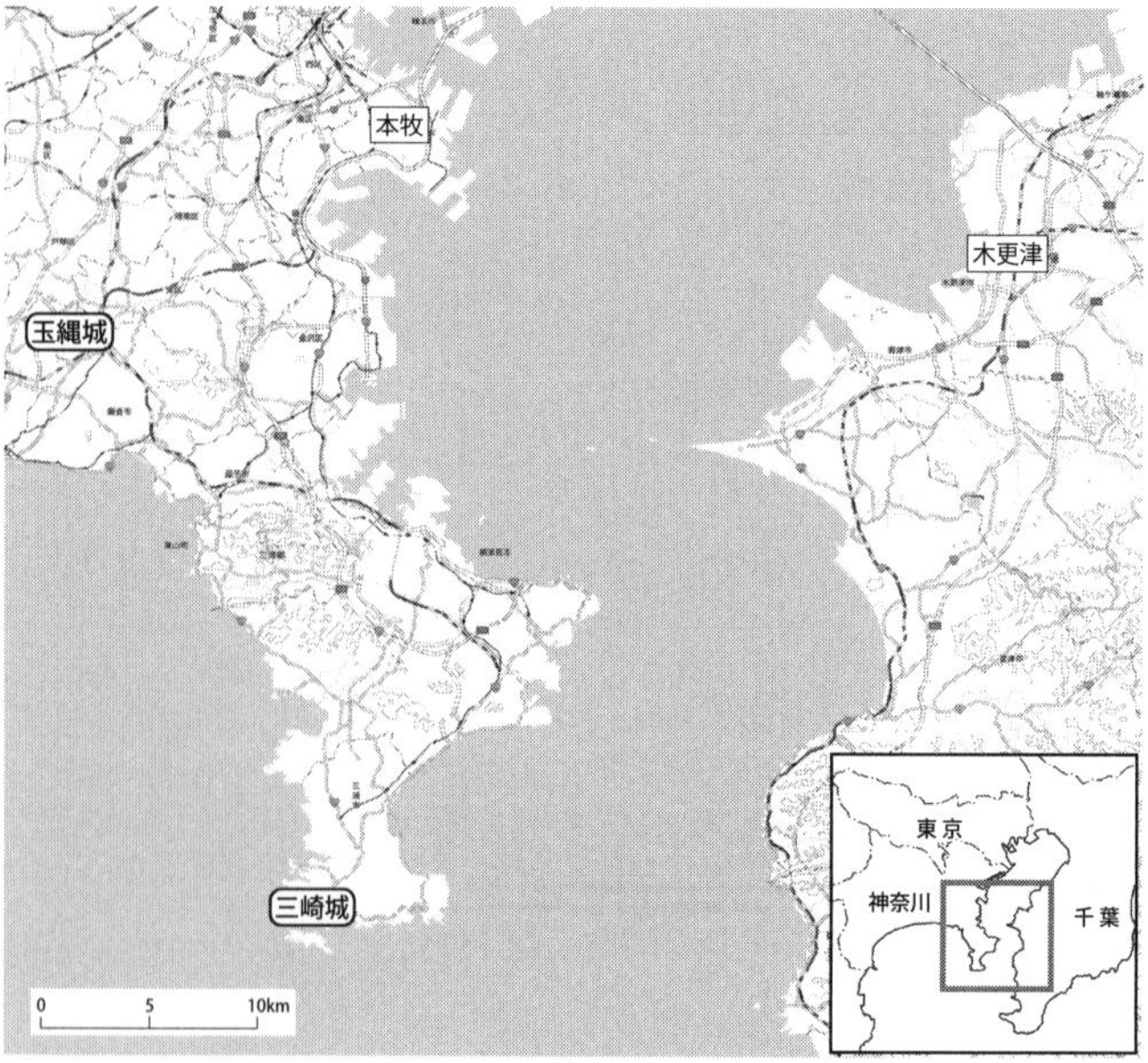


東京湾地域図

［戦国史料叢書『北条史料集』人物往来社］

文中に半手が登場するが、北条・里見両氏の対立に巻き込まれた三浦の村々では、里見方へ年貢米を納めることで放火・略奪を止めてもらい、平穏無事な日常を取り戻そうと、独自の行動をとっていたことがわかる。わざわざ「私的に和睦」と書かれていることから、公的すなわち北条氏公認のもとで半手となる場合もあったことが想定できる。

次の史料も半手（史料上では「半《はん》済《ぜい》」）が登場する有名なものだが、北条氏の公認を得て半手になろうとした本牧郷《ほんもくごう》（横浜市中区）住人の意思が確認できる。天正四年（一五七六）七月二日に北条氏繁《うじしげ》が「海上中」へ宛てた判物《はんもつ》（差出人の花押を据えた公的な文書）である。

本牧郷は東京湾に突き出た土地で、里見氏の軍勢に攻撃されやすい場所であるため、（里見・北条両氏の）「半済」でなければ住人が困るとの事、嘆願があったので、当主氏直のご意思をうかがった結果、半済の要求を受け入れることはできないが、代わりに本牧―木更津《きさらづ》（千葉県）間における渡航は認めることとなった。海上において渡海の妨げをすることがあってはならないことは、前記記載の通りである。［堤文書・『戦北』一八五九］

文書発給者である北条氏繁は、相模北条氏三代目当主氏康《うじやす》の甥にあたり、玉縄城《たまなわ》（神奈川県鎌倉市）主だった。氏繁は「海上中」、つまり北条氏配下の水軍へ宛てて本史料を発したのである。

彼は本牧郷の住人から「半済」許可の嘆願を受けており、当主氏直へ報告した結果「半済の要求を受け入れることはできないが、代わりに本牧―木更津間における渡航は認める」という判断が下された。これを受けて氏繁は配下の水軍に対して、本牧郷の嘆願に関する経緯を説明したうえで「海上において渡海の妨げをすることがあってはならない」という通達を出したのである。

内容からわかるように本牧郷は当初、半手として北条氏から公的な許可を得ようとしたのだが、それはかなわなかった。しかし、その代わりに本牧―木更津間を渡航する際の安全を保障されたのである。

一見すると、半手の代替案としてなぜ航行の安全が保障されたのか、不思議に思うところであるが、おそらく本牧郷の住人たちは、普段から木更津との間を往来して交易をおこなっていたのだろう。彼らにとって交易を維持するためには、北条・里見両氏の半手となることが安全面において最適と判断され、北条氏に願い出たのだが、北条氏は年貢が半減してしまうこと、さらには里見氏の影響力が相模国内に及ぶことを嫌い、木更津までの航行の安全を保障することで住人を納得させようとしたと考えられる。

本牧郷と木更津は、それぞれ北条氏と里見氏の勢力圏だったが、両地域の住人たちは生活していくために交易をおこなっていたのであり、地域住人の生活圏が東京湾を跨いで存在していたことになる。仮に北条氏が本牧郷住人の木更津への渡航を禁止し、生活圏を無理に分断しようとしたならば、本牧郷は北条氏に反発し、軍事的に敵対することは無理だとしても里見方へ協力するような行動に出たかもしれない。こうした状況も想定できるため、自らの生活圏を守るために郷村側から半手の申し入れがあった場合、大名側としても半手を認めざるを得ないこともあっただろう。今回の場合、北条氏は本牧郷に代替案を提示し、住人たちの生活圏内における安全な移動を保障することで、妥協をはかろうとしたのである。

## （2）大名側との駆け引き

半手を獲得することによって、大名のはざまで生き抜いていこうとした住人たちの姿をみてきた。次は反対に大名側が半手獲得に動く様子や、境目・半手で活動する商人・百姓たちの姿をみていこう。

引き続き北条・里見両氏が対峙する東京湾を挟んだ地域に注目する。次の書状は北条氏康の息子で三崎《みさき》城（神奈川県三浦市）主の氏規《うじのり》が、水軍の船大将であった家臣山本信濃《しなの》入道《にゅうどう》と同新七郎《しんしちろう》へ宛てたものである。

里見領の半手地域について、すべて我々に下さるとの事、屋形様（氏政）からの仰せがあった。東京湾内の海上のことは一切山本に任せるので、ますます（半手の郷村が増えるよう）働いて、報告なされよ。里見方のどこの郷がどのように言ってきたのか、さらに詳細な報告書を提出されるように。半手の郷村からの年貢収納に関しては、野中に命じられよ。それでも、海上のことについては結局、山本を大将として任せるので、少しも間違いのないよう奔走なされよ。

［「越前史料」所収山本文書・『戦北』四〇二六］

氏規は、里見領である房総半島の郷村を半手の地にするよう山本氏に命じている。その理由として、当主氏政から「里見領の半手地域について、すべて我々に下さる」との仰せがあったことを挙げている。

氏規の命令を受けた山本氏は、里見方の郷村へ乗り込んでいった。先ほども言及したように、房総半島の郷村からみれば、北条方との半手になっても納める年貢の総量が増えるわけでもなく、東京湾内の航行も比較的安全となるなどメリットが少なからずあった。もし、里見氏からの圧力がなければ、すぐに応じた郷村もあっただろう。

史料には、半手の年貢収納に関して野中氏の名前が挙がっていた。野中氏は里見方である嶺下郷《みねしも》（千葉県富津市）に本拠をもつ鋳物師《いもじ》（溶かした金属を型に入れ、武器や各種の像・鏡・鍋・釜などをつくる職人）であるとともに、玉縄北条氏の被官として海上や港における安全を保障され、相模国久良岐《くらき》郡（横浜市の南部）内において鋳物《いもの》の商売をしていた。つまり、彼は北条氏被官でありながら本拠は里見領内にあり、房総の郷村事情に精通していたことから、半手の年貢納入を任せるには最適な人物だった。野中氏のように商売を生業とする者のなかには、一大名の勢力圏内にとどまらず、複数の大名勢力圏を跨いで活動している者たちが多くいた。

ところが、天正四年（一五七六）三月の時点で、野中氏は半手の年貢納入を滞らせていた。氏規は山本氏へ宛てて、「これまで野中一人に年貢納入を命じていたが、半手からの年貢がまったく納入されない」として、野中氏のほかに年貢納入責任者を五人増やし、それぞれ担当する半手の村名を掲げたリストを送っている。野中氏一人だけでは、半手の年貢収納をスムーズにおこなうことができなかったのである。半手の郷村に対して里見氏から圧力がかかった可能性もあるが、原因は定かではない。

さらに続けて山本氏に対し「諸郷のどこの村が納入したか報告するように」と命じ、「そのうえで、住人の言いようによっては新たに半手の郷を立てる。また、半手解消もあろう。」と、現地の状況によって半手を増やしたり、逆に半手を取り消したりすることをも氏規側で判断するとしている。

こうした状況は、大名側からみれば地域の不安定な状況を何とか押さえこんで、年貢を円滑に収取しようと、あの手この手で対応していたといえる。一方、半手の郷村側からみれば、北条氏へ積極的に年貢を納めるわけでもなく、里見・北条両氏の政治状況や影響力を見極めつつ冷静に対応していたということになろう。

## 3　境目の領主たち

### （1）大名に警戒されながらも敵方攻略に不可欠の存在

話の舞台を越後・信濃国境地域へと移そう。天文十九年（一五五〇）四月、武田信玄は家臣の駒井高白斎《こうはくさい》を高島城（長野県諏訪市）へ派遣した。同月二十二日、仁科道外《にしなどうがい》という者が高白斎のもとを訪れ対面した。道外は法名（出家したときに授けられる名）で、仁科氏当主盛能《もりよし》と推定されている。彼は当時武田氏と対立していた信濃守護小笠原長時《ながとき》と同盟関係にあったが、高白斎のもとを訪れた際、武田方への協力を約束したようである。

仁科氏は平安時代以来、仁科御厨《みくりや》（長野県大町市）を本拠として勢力を張っていた名族である。その勢力圏は、現在の大町市を中心に南は安曇野《あづみの》市付近、北は白馬《はくば》・小谷《おたり》両村あたりにまで及び、昔の安曇《あずみ》郡域とだいたい重なる。同地域を南北に通っているのが千国道《ちくにみち》で、小谷村からさらに北上すれば新潟県糸魚川《いといがわ》市へと通じており、信濃と越後を結ぶ道のなかで最も西側に位置する（三二頁「千国道筋地域図」参照）。

戦国期以前の安曇郡周辺域の様子を垣間見られる史料として「大塔物語《おおとうものがたり》」がある。内容は応永七年（一四〇〇）、信濃国に入部した守護小笠原長秀《ながひで》と、国人《こくじん》たちの一揆「大文字一揆《だいもんじいっき》」との戦い（大塔合戦《おおとうかっせん》）を描いたものである。同書によれば、仁科氏は千国・沢戸《さわど》（沢渡）・穂高・等々力《とどろき》・池田・庄科《しょうじな》（正科）といった安曇郡一帯の広範囲に一族が勢力をもっており、そこに地縁による周辺の地侍衆が加わって仁科一党が構成されていた。

話を天文十九年に戻すと、七月十五日、武田軍は小笠原氏の本拠である深志《ふかし》（長野県松本市）へ侵攻、長時が逃亡すると、道外は武田方へ出仕した。この時、彼は正式に武田氏に従属したものと考えられる。信玄は深志城の惣普請をおこない、筑摩《つかま》・安曇両郡の拠点とした。しかし、仁科氏の本拠がある大町との間には、依然として小笠原方の残党が勢力を保っていた。

二年後の天文二十一年（一五五二）八月、武田軍は安曇郡の奥深くまで侵攻し、小岩岳城《こいわたけ》（長野県安曇野市）を攻略するなど、小笠原勢をほぼ一掃した。小笠原長時自身は、二か月前の六月にはすでに京都へ逃れており、建仁寺で戦勝祈願をおこなっていたことから、武田・小笠原両氏の戦いは実質上、小岩岳城が落城した時点で決着したといえよう。

翌天文二十二年閏正月二十四日、仁科匠作《しょうさく》という者が武田方へ初めて出仕した。「匠作」とは官司である修理職《しゅりしき》の唐名《とうみょう》（中国での名称）であり、彼は道外の子息盛康《もりやす》と推定されている。この時の出仕目的は、道外から代替わりしたことによるものと考えられる。

同年八月九日、武田氏は四月の時点ですでに従属していた大日方美作入道《おびなたみまさかにゅうどう》・上総介《かずさのすけ》父子宛に判物を発給した。そこに仁科匠作の名が再び登場する。第一条に「飯田から雨降《あめふり》に至る土地の事、仁科庄作〔匠〕へ色々と思うところを述べたうえで与えた。信濃国の奥郡を手に入れた際には、どこであっても替地を出す事。」と書かれている。

現在の白馬村嶺方《みねかた》にある諏訪神社の天正三年（一五七五）棟札《むなふだ》に「雨降宮《あめふりのみや》」を造立した旨が書かれており、「雨降」は嶺方周辺域のことと考えられる。「飯田」も白馬村内に地名が確認できることから、飯田―雨降間の土地が問題となっていたことがわかる。おそらく、判物の宛先である大日方父子が武田氏に従属した際、同地を知行地として宛行《あてが》われたのだろう。しかし、その後武田氏は色々と「思うところ」を述べつつも同地を仁科盛康へ宛行ったため、大日方氏へは替地として奥郡（水内《みのち》郡など信濃北東部）のうちどこでも望みの地を与えるとしたのである。ただし、当時奥郡は武田氏の勢力下ではなかったため、「手に入れた際には」という条件つきだった。

ようするに武田氏は、一度大日方氏へ宛行った土地を仁科氏へ渡してしまったため、替地を出すとして大日方父子に事後承諾を求めて先の判物を送ったのである。このような措置をとった背景には、飯田から雨降までの地が仁科氏の本領だった可能性が挙げられる。盛康は武田氏へ従属する際、本領安堵《あんど》（領地の所有権を承認すること）を条件に出し、武田側はそれをのんだのではないだろうか。武田氏はやむを得ず盛康に色々と思うところを述べて渡したと思われる。大日方氏としては、何とも納得しがたい措置であったろう。

同年中のものと推定される大日方氏宛の武田氏書状がもう一点残されている。そこには「今回、仁科盛康方へ上杉軍が攻め寄せてきたところに、援軍を差し向けられたとのこと、非常に喜ばしいことである。今後、上杉軍が攻め寄せてきたならば、東条藤九郎・落合孫七と相談して出兵するように。」と書かれており、敵対する上杉軍が仁科氏の所領へ侵攻してきた際、大日方氏が援軍を出したことを武田氏は賞している。

仁科氏の所領は対上杉氏の最前線に位置し、とりわけ飯田・雨降周辺域は上杉氏との境目だった可能性が高い。同地をめぐる仁科・大日方・武田三氏の動きをみると、どうやら武田氏はせっかく味方についた仁科盛康が離反しないように、望み通りの土地を宛行ったり、上杉氏が攻めてきた際には援軍を差し向けたりと、優遇策を講じていたようである。

さて、次の二通は仁科氏の武田氏従属後に信玄が出した書状で、仁科氏とその家臣「仁科衆」に対する信玄の本音が表れている。

一点目は、永禄元年（一五五八）と推定される三月十二日付、今福石見守《いまふくいわみのかみ》・横田彦十郎《よこたひこじゅうろう》宛のものである。

馬場《ばば》民部《みんぶ》・原《はら》美濃守《みののかみ》をはじめ、そのほかの者たちが甲府へ来ることになったため、その地（深志）の用心が肝要である。とりわけ確実な情報があるので、仁科衆の者を本城に一切入れないように。（中略）城中用心は当然のことである。

［多和文庫所蔵「甲州古文集」・『戦武』六二五］

二点目は、ほぼ同時期にあたる弘治三年（一五五七）と推定される八月十日付、曾禰掃部助《そねかもんのすけ》宛のものである。

こちら（川中島）の方面は日を追うごとに武田方が有利な戦況となってきており、特に周辺地域の軍勢が味方として多く着陣しているので、安心なされよ。結局、その城（平倉城か）の用心を徹底すること。なぜなら、西浜《にしはま》方面において総じて（上杉方と内通するような）企み事があれば、こちら（川中島）の陣立てがいくら堅固であっても意味のないことになるからである。そこで思案すれば、昼夜の区別なく用心し、普請につとめられるべきことは当然のことである。また、仁科衆には油断しないように。総じて何事も気遣うことが肝要である。

［功力氏所蔵・『戦武』六四〇］

まず一点目の今福・横田両氏宛の書状をみると、本文中に登場する馬場民部は当時深志に在城しており、原美濃守は以前、平瀬《ひらせ》（松本市）に一時在城していたことが確認できるため、この時も深志周辺にいたものと考えられる。彼ら二人をはじめ、甲府へ出向くことになった者たちがいるので、武田氏は留守居として今福・横田に用心するよう命じている。

注目すべきはその続きで、仁科衆を「本城」へ一切入れてはならないとしている点である。「本城」とはおそらく筑摩・安曇郡の拠点である深志城のことであろう。武田氏は仁科衆を完全には信用していなかったのである。

もう一点、曾禰氏宛の書状が出されたと推定される弘治三年は、川中島合戦があった年で、信玄は自軍が上杉軍と対峙している状況を説明している。宛先の曾禰氏は安曇郡の前線の城、おそらく落城させたばかりであろう小谷村の平倉《ひらくら》城にいたと考えられる。彼は信玄から城の用心を徹底するよう指示され、その理由も書かれている。「西浜」とは新潟県西頚城《にしくびき》郡・糸魚川市周辺域のことで、小谷村を通って糸魚川へ通じる道（千国道）でつながっていた。

つまり、川中島の陣立てがいくら堅固であっても、曾禰氏が守る千国道筋を上杉軍に突破されてしまっては、信濃を防衛するうえでまったく無意味になってしまう、と信玄は言っているのである。

そのあと「仁科衆には油断しないように」と書かれている。安曇郡の千国道筋を攻略しながら北上し、小谷村にまで到達した曾禰氏の部隊には、仁科衆も多く参加していたであろうし、むしろ彼らの協力無くして安曇郡攻略は不可能であったろう。それにもかかわらず、信

平倉城全景

玄は依然として仁科衆に対して不信感を抱いており、仁科盛康率いる仁科衆は、いつ上杉方へ離反するかわからない非常に警戒すべき存在と認識されていたことがわかる。

一方、盛康にしてみれば、境目領主であることは自覚していたであろうから、武田氏につく際にも多少のわがままが通ることは十分承知のうえで、本領回復を願い出たと考えられる。その後も武田・上杉両氏のどちらにつけば仁科家を存続させていくことができるのか、つねに情勢をうかがいつつ両者を天秤にかけていたことは間違いない。

その後、仁科の家督は盛康から盛政《もりまさ》へと受け継がれたようで、永禄十年（一五六七）に盛政とその親類被官が武田方へ提出した起請文《きしょうもん》（自分の言ったことに嘘偽りがないことを神仏に誓い、相手に表明した文書）が残されている。しかし、盛康と盛政との関係や家督継承の時期について、信頼できる一次史料からははっきりとしたことがわからない。

そして、信玄は五男の盛信《もりのぶ》を盛政の養子として送り込み、のちに仁科の家督を継がせることに成功した。盛政から盛信への家督交代に関して江戸時代に書かれた軍記類には、盛政が上杉方と誼《よしみ》を通じていたことが発覚したため、武田氏に捕らえられて切腹したことが記されているものの、事の真偽は定かでない。もし本当であれば、信玄が懸念していたことが現実に起こったわけで、こうした事態を想定して盛信を入嗣させたのだろうか。あるいは、信玄の頭のなかには最初から交代劇のシナリオが出来ており、盛政はそれにはめられただけなのかもしれない。いずれにせよ、信玄による安曇郡侵攻や後継者である勝頼の時代におこなわれた千国道筋からの越後進出にあたって、仁科衆は必要不可欠な存在だった。

では次に、その勝頼の時代におこなわれた千国道筋からの越後進出について、話を進めよう。

## （2）敵地進出の案内役

平時の境目が交易の場として利用されていたことは先述したが、そこに何かしら権益を求めて集まってくる者たちがいたことは想像に難くない。ここでは、越後・信濃国境地域を舞台として、仁科盛信（武田信玄五男）が安曇郡地域の管轄者だった時期に活発な活動がみられる等々力《とどろき》氏に登場してもらい、彼の動向を追いながら境目の権益獲得の動きをみていこう。

等々力氏は穂高神社（安曇野市）の東に隣接する等々力に本拠を置く領主である。『大塔物語』では、大文字一揆の仁科勢として「戸度呂木」の名がみえる。また、永禄十年に甲斐・信濃の家臣団が武田方へ提出したいわゆる「生島足島《いくしまたるしま》神社起請文」のなかには、仁科盛政の親類被官として等々力豊前守定厚《ぶぜんのかみさだあつ》の名が確認できる。おそらく盛信の時代に至るまで、等々力氏は仁科氏の被官として活動していたのだろう。

天正五年（一五七七）九月五日の時点で、盛信配下の等々力次右衛門尉《じえもんのじょう》という人物が越後上杉氏との境目において活動していた。次の史料は、盛信が等々力次右衛門尉・細野甚四郎《じんしろう》両人へ宛てた書状の一部である。

今回、越後との境において、上杉方の城々へ隠密に案内を遂げ、さらに城主の行動・慣習を密かに調査した事、度々詳細に報告を上げ、まことに比類なき働きであり、喜びの極みである。だが、掌握できた城はどれほどだろうか。さらに今後も奔走し、忠節を尽くすように。

〔細野家文書・『戦武』二八六三〕

根知城根小屋地区（城山方面を望む）

等々力・細野両氏は上杉氏との境目において、上杉方の城々への案内者（土地のことをよく知る先導者）として活動し、さらに敵方城主の行動や慣習を密かに調査して度々盛信へ詳細に報告していた。盛信はそれを賞しつつも「掌握」できた城はどれほどか（まだまだ掌握できていない城が多いであろう）、としてさらなる奮起と忠節を促している。

天正五年といえば、まだ武田勝頼が北条氏と連携していた時期であり、上杉謙信とは対立関係にあった。そして、本史料でいう「越後との境」とは、千国道筋の信・越国境のことであり、「上杉方の城々」は当該地域の中核である根知《ねち》城（糸魚川市）と、その周辺の城を指している。

したがって、案内者として抜擢された等々力・細野両氏は、以前から越後側へ出入りしていたことが想定され、盛信は彼らを通じて上杉方の情報を入手していたのである。

信・越国境を跨ぐ千国道は、武田・上杉両氏が対立した状況下においても通行可能だった時期があった。そのことがわかる史料として、武田氏が発行した関所関係文書を記録した「分国商売の諸役免許の分」がある。そのなかで仁科民部入道《みんぶにゅうどう》宛ての文書には「越後国筋の往還自由につき、ひと月に馬五疋、分国内は諸役を免除する」と書かれている。

仁科民部入道がどのような人物か定かではないが、仁科一族の者が商売のために千国道往復の自由を認められ、さらに武田分国内において、ひと月に馬五疋分の諸役を免除されていたのである。越後国筋（原文では「越国筋」）とわざわざ表記されているのは、越後国側との交易を意識してのことだろう。

また、永禄十二年（一五六九）八月二十三日付で、直江《なおえ》大和守《やまとのかみ》・本庄《ほんじょう》美作守《みまさかのかみ》宛てに出された上杉謙信の書状には、「根知口より信州へ通行しているとのことだが、このようなことをも厳しく通行しないよう命じるように。上郷《かみごう》・根知平《ねちだいら》の地下人《じげにん》からそれぞれ人質を取らせ、なんとしても通行を禁止することが大切である。」と記されている。この時、上郷（新潟県妙高市）・根知平（同糸魚川市）の地下人（百姓など一般庶民）たちが千国道を自由に往来していたため、謙信は彼らから人質を取ってでも通行を遮断しようとしていた。

地下人たちが千国道を利用して武田領内へ出入りしていた理由は、仁科民部入道のことなどを合わせて考えると、信濃側の人びととの交易が関係していた可能性が高い。謙信は交易を止めさせ、経済封鎖をおこなおうとしていたのではないか。

等々力・細野両氏の話に戻すと、案内役を任されていた二人は、永禄十二年以前には交易や輸送などにかかわる権益をもっていたのだろう。ところが、謙信によって国境を封鎖されたため両氏は交易による利益を得ることができなくなってしまった。おそらく、盛信が仁科家を継いだ時期、両氏は交易の再開をもくろみ、越後進出のための案内役を積極的に引き受けたのではないか。

盛信は天正六年（一五七八）二月十二日付で「越国境まで、小谷筋荷物二疋前」の過所《かしょ》（通行手形）を等々力氏へ発行した。これは前年の上杉方の城々への働きを受けた褒美とも考えられるが、「二疋前」と少量であることから、彼が依然として越後との境目に滞在していたことによる、同地へ必要物資を送るための過所であったとも考えられる。

武田家から仁科家へ入嗣した盛信が千国道から越後へ進出する場合、越後の事情に通じた等々力氏のような案内者が必要不可欠だった。そして、等々力氏にとっても越後との交易が再開されれば自身の利益になるため、両者の利害は一致していた。

その後も盛信による千国道からの越後進出策が展開していくのだが、天正六年三月、上杉謙信が急死したことにより景勝と景虎との間で跡目相続争い（御館の乱）が勃発した（四七頁系図参照）。景虎の実家である北条氏と同盟を結んでいた武田勝頼は、北条氏からの応援要請を受けて信濃飯山方面から越後へ軍を進めた。しかし、六月に入ると景勝が武田方に和睦をもちかけてきた。

同じ頃、千国道方面では根知城を守っていた吉江民部少輔《みんぶのしょう》・赤見小六郎《ころくろう》両人へ武田方が接触をはかっていたことが確認できる。次の史料は、上杉方の桃井《もものい》綱《つな》千代《ちよ》へ宛てた天正六年六月二十一日付武田家朱印状である。

> 亡父の忠節により法性院殿（武田信玄）から安堵を受けられた本領・当知行の土地について、西浜地域が武田領になったならば、間違いなく渡すものとする。但し、根知城主の赤見・吉江両人が武田方に忠節を尽くした場合、彼らがかかわられてきた土地については、あらためて替わりの土地によって補われるとのこと、（勝頼の）ご命令である。
>
> ［内閣文庫所蔵「新編会津風土記」九五・『戦武』二九九〇］

桃井綱千代の亡父は武田信玄に仕えていたようで、生存中に忠節を賞されて信玄から土地宛行状《あてがいじょう》をもらっていた。そこで、もし越後の西浜地域（西頸城郡・糸魚川市周辺域）が武田のものになった際には、そこに書かれてある土地は間違いなく渡すことを約束して、桃井氏を味方に付けようとしていたのである。

ただし、根知城の赤見・吉江両氏の知行地となっている場所については、替地を出すとしていることから、この時点ですでに武田氏は二人に接触をはかり、知行地の安堵について話し合っていたようだ。つまり、上杉氏から離反する話がまとまりかけていたのである。

一方、飯山から越後へ軍を進めた勝頼は、春日山《かすがやま》（新潟県上越市）まで出向き、景勝・景虎両者の和平仲介をおこない、八月二十日に和平が一時的に成立したため、帰国の途についた。しかし、翌九月には再び戦いが始まった。

九月九日、勝頼は根知城の赤見氏が武田方への忠節を誓ったことを賞している。

今回、根知まで仁科盛信を遣わしたところ、真っ先に忠節を誓ったことは誠に感心した。よって、九百貫文分の知行地を与える。　［石井氏所蔵「武田古案」・『戦武』四二八一］

この時点で根知城とその周辺域が武田氏の支配下になったと考えられる。一点押さえておきたいことは、千国道筋からの越後攻略が御館の乱による混乱の最中に開始されたのではなく、すでに前年からおこなわれていたということだ。すなわち、前述したように国境の往来を回復させたかった等々力氏らと武田氏との利害が一致したことで進出が実現したのである。決して越後国内の混乱に乗じ、武田氏の意向のみによってことが運んだわけではなかった。

さらに言えば、等々力氏をはじめとした安曇郡の領主たち（仁科衆）の力を借りなければ、武田氏は越後へ進出するどころか、山深い安曇郡内を勢力圏内に置くことさえも不可能だったかもしれない。

## （3）交易で力を付ける

御館の乱は勝頼と景勝が同盟を結んで（越甲同盟）以降、景勝方が優位に立ち、翌天正七年三月、景虎が自害したことによって収束へと向かった。

その後、天正八年（一五八〇）八月の時点で、武田氏は根知城よりさらに北に位置する不動《ふどう》山《やま》城（糸魚川市）まで進出していた。それがわかる史料が次の八月朔日付、等々力次右衛門尉宛の仁科盛信書状である。

不動山城に詰めている番衆の交替の件で、近日（勝頼から）ご命令があるので、より一層城の御番・普請を少しも油断なきよう申し伝えられるように。それに関連して、馬市開催を毎年指示しているけれども、町人が開催できないと嘆願してきたため、未定となっている。そのため、いつも大町・真々部《ままべ》（長野県安曇野市）で開催している馬市について、今回は穂高で開催されるように。

［等々力家文書・『戦武』三三九二］

不動山城に番衆が詰めていたことが確認できる。さらにもう一点、馬市が毎年開催されていた大町・真々部の町人たちの嘆願によって、今年の開催地が穂高に変更されたことは注目すべき部分である。市を開催するとなれば、それ相応の負担がかかるため、大町と真々部の町人たちはそれを避けたかったのだろう。変更先である穂高は等々力氏の本拠地であることから、盛信は等々力氏の負担によって開催することを指示したのである。十日後、盛信は再び等々力氏へ書状を送った。

一、①鳥羽・栗毛の馬、十八日にこちらへ到着する事。一、②夫馬を何としてでも調達し、同日に送ってよこす事。一、③乗馬衆・同じく手明《てあき》の者は、いつも一緒にいるため、必ず武具等のきらびやかさを確認すべきか。今度嗜み無き者については唯一の方針として罰する事。一、④新たなご軍法として「鉄炮持ち」全員にご普請がご赦免されること、（勝頼の）ご命令であるのでどのようにしてでも多めに調達するよう世話することが当然である。一⑤、急な出陣であるため、準備しなければならない鉄炮が不足した際には、和泉《いずみの》守《かみ》・将監《しょうげん》の方へ依頼される事。一⑥、細萱河内守《ほそがやかわちのかみ》は同心・被官を召連れ、十九日に当府へ参着することは当然である。一⑦、真々部とその同心・被官も同前の事。かの衆が帰城したら、長生寺《ちょうしょうじ》が根知へ行かれる事。（後略）

［等々力家文書・『戦武』三四〇〇］

最初の一・二条では、先の馬市についての指示が書かれており、馬を調達して盛信のもとへ八月十八日に届けるよう指示している。穂高で馬市を開くことを八月一日に命じられた等々力氏は、そこで調達した馬を十八日までに届ける予定になっていたわけで、盛信が馬の調達を急いでいた様子が窺われる。

それを裏付けるように、次の三～五条の内容は出陣の準備に関するもので、そのうち五条には「急な出陣」であることが記されている。したがって、馬の調達は今回の出陣のためのものだった可能性が高い。

六条では、細萱河内守は同心・被官を連れて十九日に「当府」まで参着すること、七条では真々部氏も同心・被官を連れて十九日に参着すること、「かの衆」が帰城するので長生寺（渋田見《しぶたみ》）氏が根知へ行くことを指示している。

「当府」とは素直に考えれば信府、すなわち深志城に参陣するよう盛信が指示したことになる。また「かの衆」とは真々部氏の出陣要請と同じ条項に書かれているため、真々部氏とその同心・被官を指していると考えられ、渋田見氏と城番を交替するため根知城から帰ってきたのであろう。すると八月朔日の書状において、真々部の町人が馬市回避を嘆願していた理由は、真々部氏が根知城へ在番衆として派遣されていたため、それにかかわる諸役負担との重複を避けたかったからということになる。大町の町人も同様の理由だったと考えられる。

　こうして二点の史料をみると、盛信は仁科領内には居らず、おそらく深志から等々力氏へ指示を出していたであろうことがわかる。盛信がどの程度仁科領を留守にしていたのか不明だが、等々力氏が盛信から指示を受けて差配していたのは確かであり、馬市を急遽開催できる財力も備えていた。一方、天正四年（一五七六）には仁科神明宮《にしなしんめいぐう》造営の実質的主宰者をつとめ、地域の代表者であった渋田見氏は、根知城在番の交替要員となっていた。

　ここで話が脇にそれるが、天正四年六月の仁科神明宮棟札銘をみてみよう。長生寺渋田見氏の名が「本願」にみえるとともに、冒頭に盛信の名も確認できる。

（表）

大日本国信濃安曇郡仁科五郎盛信

本願長生寺　奉行人祖繁

　　　大工金原周訪〔防〕守長吉　銅細工甚介
天照皇大神宮御宝殿　奉造賛〔替〕年月日
　　権大工源衛門吉次　鍛冶安部馬次郎兼次
　　　小工弐参右衛門吉政　轆轤師
天正四暦丙子杣山入二月九日　手釿三月八日辛酉未時
　借殿遷五月一日戌時　御遷宮六月十四日丙子戌刻

〔仁科神明宮所蔵・『戦武』二六六八〕

（裏面省略）

仁科神明宮では二十年に一度、式年遷宮《しきねんせんぐう》がおこなわれており、永和二年（一三七六）以降の造替の棟札が残されている。「本願」という役職は、天正四年より前の棟札には書かれていなかった。したがって、ここで「本願」が新たに加わった背景には「仁科五郎盛信」という、いわば神明宮を核として集まっていた地域の人びとからみれば「よそ者」が入ってきた影響によるものであることは間違いなさそうである。

小林茂喜氏によれば、「本願」とは実質的な造営の主宰者のことで、その役職は渋田見（長生寺）氏がつとめ、盛信は名目上の施主にすぎなかったという。つまり、盛信は在地社会の組織から乖離した存在だったことになる。

先述したように、武田氏は等々力氏をはじめ、安曇郡の領主たちの力を借りなければ越後へ進出するどころか、山深い安曇郡を勢力圏内に置くことさえも不可能だったことが、右の棟札銘からも窺える。

話を戻すと、天正八年（一五八〇）当時における等々力氏の地位は、越後の城々への案内者をしていた三年前よりもかなり上昇しており、安曇郡の実質的統轄者になっていたとみてよいだろう。彼がそこまで成長を遂げた大きな要因は、武田氏が根知・不動山両城を押さえたことで越後との交易が再開され、境目における権益を確保したためと考えられる。一方で、安曇郡の領主・住人たちには両城への在番という負担が発生したのである。

次節では、境目には付きものである関所についてみていこう。そこでもやはり権益を求める領主の姿をみることができる。

## 4　関所の役割

### (1) 中世の関所

「関所」と聞いて、まず思い浮かべるのは、箱根の関所に代表される江戸時代のそれであろう。関所の機能を端的に表現した「入鉄砲《いりでっぽう》出女《でおんな》」という言葉は、現代人の関所イメージ形成に一役買っていると思われる。

「入鉄砲」とは、諸大名以下の鉄砲をはじめとした武器類が、江戸幕府のある関東へ入り込むことを言い表した言葉、「出女」は江戸の藩邸に人質として居住する大名の妻子が国もとへ逃亡することを言い表した言葉である。それらを監視し、取り締まることを主な任務とした江戸時代の関所は、幕府が諸街道の要地に設置した。

一方、江戸時代より前の関所は通行料徴収など経済的な部分に主眼が置かれたものが多く、幕府・朝廷・大寺社の荘園領主たちによって設置された。京の都へ入る主要街道の七つの入口（京都七口《きょうとななくち》）はもちろんのこと、室町時代中ごろ以降になると、交通量の多い街道には関所が「密」になるほど存在した。

たとえば伊勢参りの際、多くの人びとが通行する日永《ひなが》（三重県四日市市）―桑名《くわな》（同桑名市）間には、十八キロの間に六十あまりの関所が置かれ、一文ずつの関銭を徴収したという。また、水路も同様で、畿内交通の大動脈だった淀川では、長禄元年（一四五七）頃、最高四百ぐらいの関所があったという。交通量が多いところでは、莫大な利益を生んだであろうことは想像に難くない。

一方で、関所の設置は物資の潤滑な流通を阻み、商人は関銭の負担を商品に転嫁した。それが物価の慢性的高騰を招くこととなり、民衆の生活を圧迫した。

戦国大名が成長してくると、勢力圏の境目に関所を設け、通行料を徴収することで経済的な収益を得ると同時に、人びとの出入りを監視する機能ももたせるようになった。

本書第II部に登場する発智長芳《ほっちながよし》という人物は、沼田と渡良瀬《わたらせ》川流域とをつなぐ「根利通《ねりみち》」に上杉謙信が設置した根利関所の管轄を任されていた。その詳細については第II部で述べるとして、江戸時代に彼の子孫が「発智新左衛門由緒書上《ゆいしょかきあげ》」という由緒書《ゆいしょがき》を作成している。発智一族の来歴などが書かれているのだが、そのなかに長芳と比定できる人物の記事がある。要約すると、沼田城に在城していた時、発智氏被官の瀬沼という者が「境判〔番〕所」に置かれていた際、御法度の留物《とめもの》（領内からの持ち出しを禁止した物品）を隠して他郡へ横流ししたことが発覚し、発智氏は知行改易となって越後へ戻った、という。

「境判所」とは境目にある番所、つまり根利関所のことを指しているのだろう。後世の由緒書であるため、事の真偽は不明だが、関所において様々な人や物資が出入りしていたことは確かであり、管轄者である発智氏にも経済的メリットがあったことは想定できる。「御法度の留物」が具体的にどのような物かはわからないが、上杉氏の家臣が直接統治していた沼田領から流出させることを禁じていた物であり、他郡へ横流しすることで大きな利益を得られるような物だったはずである。関所においてこの由緒書に記されているような事件が起こることは、十分あり得ることだった。

## （2）関所の管轄者

上・越国境の三国《みくに》峠から越後側へ少し下ったところに荒砥《あらと》関所（新潟県湯沢町）が設置されていた。正確な場所は不明だが、荒砥城膝下にあったと想定される（三一頁「沼田・上田荘地域図」参照）。上杉景勝の時代にこの関所を管轄していたのが、栗林《くりばやし》治部少輔《じぶのしょう》（のちに肥前守《ひぜんのかみ》）である。

治部少輔は、上杉謙信の跡目相続をめぐって景勝と景虎が争った御館の乱の最中、春日山の景勝のもとから上田荘《うえだのしょう》（新潟県南魚沼市・湯沢町周辺域）へ派遣されて以降、同地を拠点として活動していた。

そこで、治部少輔がどのような経緯で上田荘に移り、やがて関所の管轄者となったのか、景勝期の上田荘・上田衆の様子を踏まえつつみていこう。ちなみに景勝は上田衆を束ねる上田《うえだ》長尾《ながお》氏に出自をもち、謙信の養子となって春日山へ入っていた（四七頁系図参照）。

治部少輔は上田衆のメンバーである三本《みつもと》氏のもとに生まれ、のちに上・越国境の管轄者だった栗林次郎左衛門尉《じろうさえもんのじょう》（彼については本書第Ⅱ部参照）のところへ養子として入った人物である。謙信の死去とともに次郎左衛門尉が史料上からみえなくなると、入れ替わるように登場する。

彼の名前がみえる最も早い時期の史料は、御館の乱の最中だった天正六年（一五七八）七月二十七日付で栗林治部少輔へ宛てた河田長親《かわだながちか》書状である。長親は上杉謙信の側近中の側近で、当時、越中の松倉城《まつくら》（富山県魚津市）に在城しており、景勝と景虎のどちらにつくのか態度を明確にしていなかった。

河田氏を味方につけようと景勝が連絡をとっていたなかで、河田氏から栗林氏へ宛てて書状が送られてきたのだった。本文の末尾で、書状の内容を景勝に「御披露《ごひろう》」してくれるよう依頼しているため、栗林氏は景勝への取次役として春日山に在城していたことになる。

翌八月、上田荘の拠点である坂戸城《さかど》（南魚沼市）の城将深沢刑部少輔《ふかざわぎょうぶのしょう》へ宛てた景勝書状には「栗林が坂戸城にいるとのことだが、なさけないことである。早く荒砥城へ行き、防備を固めるよう栗林へ命じることが肝要である」と書かれている。したがって、この時点で栗林氏は春日山から坂戸城へ移っていた。

当時、景虎の実家である北条氏は、援軍を越後へ向けて進めており、すでに沼田城を落とし、上田荘へ侵攻していた。

では、景勝はなぜ治部少輔を遣わしたのか、彼に何を期待していたのだろうか。同年と推定される十二月十七日付の栗林・深沢両氏へ宛てた景勝書状のなかに、栗林氏に対する思いが書かれている。

景勝は伝え聞いた話として、「栗林・深沢両氏の働きぶりが悪いと同僚たちが悪口を言っている」と記している。どうやら上田衆の内部で仲間割れが起きてしまったようだ。さらに栗林氏だけに向けて「次郎左衛門尉の跡を継がせたのだから、（治部少輔は）ほかの人には代えがたい存在であり、格別に敵陣の前で十分に力を尽くし、上田衆全体を勇気づけ、奔走すると思い、上田荘へ遣わしたのに、はかりごとばかり気にしてのんびりしているとのこと、まったく困ったことである」と述べている。つまり、景勝は治部少輔に次郎左衛門尉の家督・財産を継がせただけでなく、次郎左衛門尉のような国境の軍事指揮者として行動することを期待していたのである。

しかし、実際の働きは景勝の期待に応えていなかったため、叱咤激励のため先の書状が送られたのだった。景勝が治部少輔にかけていた期待は相当大きかったことが窺われる。一点注目すべきところは、期待をかけられてはいたものの、上田衆内における治部少輔の立場は次郎左衛門尉時代と同様、上田衆の一員という身分にすぎなかったことである。国境の管轄者だった次郎左衛門尉がなぜそのような境遇に置かれていたのかについては、第Ⅱ部で詳しくみていきたい。

翌天正七年三月、景虎が自害したことによって御館の乱は収束へと向かう。その後、景勝は上田衆に対して所領宛行や要地への配置、政権中枢への登用をおこない、彼らの地位を上昇させつつ、自らの権力の拡大・安定化をはかった。

その一環であろうか、天正九年（一五八一）二月、栗林氏は船二艘にかかる様々な課役・雑税の免除を景勝から認められた。上田荘では、信濃川の支流のひとつである魚野《うおの》川を利用した人・貨物の輸送がおこなわれていた。少し時代を遡ると、明応四年（一四九五）に越後守護上杉房定《ふささだ》が上田荘にある寺院雲洞庵《うんとうあん》（南魚沼市）に対して、栗林氏と同様に船二艘の課役・雑税免除の承認を通達している。おそらく上田荘では経済活動の一環として、有力領主・寺院などは船を所持していたのだろう。

さらに天正九年六月、栗林氏は景勝から荒砥在城を命じられるとともに、「長尾右京亮《うきょうのすけ》分」の知行地が宛行われ、「肥前守」の受領名が与えられた。この知行宛行と受領名付与は彼にとって非常に重要な出来事であったろう。というのは、長尾右京亮という人物が上田長尾氏当主であった政景《まさかげ》の長男義景《よしかげ》（上杉景勝の実兄）のことを指している可能性が高いこと、さらに肥前守という受領名も上田長尾氏が代々受け継いできたものだったからである。つまり、栗林氏はこの時点で上田長尾氏の立場を継承する者として、景勝から認定されたも同然だった。

御館の乱の際、景勝から栗林次郎左衛門尉のように軍事指揮者として行動することを期待されていた治部少輔は、この時初めて身分・形式上において上田荘の中心的存在となったのである。

翌天正十年三月、景勝と同盟を結んでいた隣国の武田勝頼が織田信長によって滅亡に追い込まれた。同時期、武田氏の勢力圏だった上野国内においても混乱が生じたため、栗林氏が情報収集にあたっていた。この点については第Ⅱ部で触れるが、彼は関東口の境目における実質的統轄者にまで成長していた。

さて、栗林氏は景勝から天正十二年（一五八四）二月十一日付の文書を三通まとめて受け取った。それぞれの内容は、①栗林氏の荒砥城在城を確認した、もしくは在城を再び命じたもの、②郡司職《ぐんじしき》のことは養父栗林次郎左衛門尉の扱い通りであり、現在に至るまで支障はないとしたもの、③荒砥関所を御料所《ごりょうしょ》（上杉氏直轄地）として栗林氏へ預けるので、以前のように三国街道が自由に通行できるようになった際には「役」を厳重に納めるよう命じているもの、となっている。

①については、先述したように天正九年六月の時点で荒砥在城を景勝から命じられている。栗林氏がそのまま在城していた場合、今後も引き続き在城することを命じたものになる。彼が一度坂戸城に戻っていた場合には、再び荒砥城へ行くことを命じたものとなる。荒砥城は三国峠へ通じる山道の途中にあるため、日常生活を送るには不便な場所だ。しかも栗林氏は上田荘の統轄者として中心となる人物であり、ずっと荒砥に在城していたとは考えにくい。おそらく関東方面の有事に対処するため、再び荒砥へ行くことを命じられたのだろう。ちょうど関東では、前年の十一月に新田《にった》（群馬県太田市）由良《ゆら》氏と館林《たてばやし》（同館林市）長尾氏が北条氏か

荒砥城空堀

ら離反し、北条氏と反北条連合との戦いが続いていた。

②の郡司とは文字通り郡単位で置かれた責任者であり、その権限は郡内の御料所の財政管理や裁判において裁定を下すなど多岐にわたっていた。②では魚沼郡の郡司はこれまで通り続けてもらうといった確認の意味が込められており、栗林氏は以前から郡司を担っていたことが窺える。ではこの時、なぜ再確認が必要だったのか。

そこで注目するのが③で、この文書は何らかの訴訟が発生し、その裁決を得た結果を知らせる様式で発給されていた。

重要なのは、荒砥関所は御料所であ

り、「役」をぬかりなく景勝へ献納するよう命じている点である。「役」とはおそらく関所における通行料など交通権益にかかわるもので、郡司の職務（御料所の財政管理）に直接関係するため、荒砥関所の管轄は栗林氏が適任だった。

彼は郡司として、荒砥関所の管轄者になることが当然であると考えていたにちがいない。ところが、当初は違う者が選ばれたため訴え出たのか、もしくは誰か他人が選ばれる前に、自ら願い出たのではないか。その結果、景勝から管轄者として認められ、③が出されたのであろう。

ところで、③には荒砥関所を通る「往還」が「自由」になったら、と書かれている。つまり、当時三国街道の通行は止まっており、「役」を徴収するための関所の機能が停止していたことになる。

では、なぜ③がこの時期に出されたのであろうか。それを理解するためには当時の沼田地域の政治状況を確認する必要がある。

天正十一年三月の時点において、沼田地域は徳川氏配下にあった真田昌幸がおさえていたが、南から北条氏の攻撃を受けていた。これ以前、徳川氏と北条氏はすでに和睦しており、上野国は北条氏の「切取《きりとり》次《し》第《だい》」、つまり武力で土地を奪い取ればそこは北条領になると徳川氏との間で話し合いがついていたのである。

同年三月二十八日、上杉氏に属していた厩橋城の北条《きたじょう》氏は、真田氏が相模北条氏との関係を断絶したことや詳細は不明ながら沼田のことについて、景勝側近の直江兼続《なおえかねつぐ》に報告している。この時、上杉氏も真田氏と同様に北条氏と敵対していたため、沼田城を上杉氏が援護することを画策していた可能性がある。

七月頃、沼田城を守る矢沢頼綱《やざわよりつな》と金子泰清《かねこやすきよ》が主導して、上杉氏に従属することを決定した。当主である真田昌幸が彼らの決定にどの程度関与していたかは不明であるものの、その後、矢沢頼綱と栗林氏が連絡を取り合っていたことが史料から確認できる。

天正十二年五月一日付で矢沢氏は、新田由良一族の横瀬成高《よこぜなりたか》へ宛てて「栗林肥前守からの書状によれば、景勝様が佐竹氏からの要請で近日中に関東へ越山する」こと、さらに「先陣が蔵王堂《ざおうどう》（新潟県長岡市）まで到着している」ことを伝えている。おそらく反北条連合に加わった由良氏から上杉氏へ援軍の要請があったのだろう。そして、この時栗林氏は景勝の動向を矢沢氏へ伝えていることから、景勝と沼田城の矢沢氏との間でパイプ役をつとめていたことがわかる。

話を景勝が発給した三通の文書に戻すと、③はこれより約三か月前に出されたものである。したがって、沼田城の矢沢・金子両氏が上杉方へ従属したことで、三国街道の通行再開の目途が立ったため、栗林氏はいち早く荒砥関所の管轄者としてふさわしいことを自ら主張したということになろう。この主張が景勝によって認められ、関連する三通の文書が一括して栗林氏宛に出されたのだった。

以上、栗林治部少輔の成長ぶりと、彼が荒砥関所の管轄者となるため積極的に景勝へ働きかけていたことをみてきた。

関所に限らず、境目には多くの利権があり、商機・稼ぎ場があった。それを目指して境目に人が集まってくる様子について第一章を通してみてきた。また、境目の住人たちのもつ生活圏は、大名によって簡単に破壊されるものではなく、たとえ生活圏を分断する形で大名間の境目が生じたとしても、それによって生活圏が大きく変動することはなかったのである。

# 第二章　戦乱のなかを生き抜く

## 1　流動する戦乱時の境目

### (1)したたかな地下人たち

前章でも何度か触れたように、天正六年(一五七八)三月、上杉謙信《けんしん》が死去すると、その養子である景勝《かげかつ》と景虎《かげとら》による跡目相続争いが勃発した(御館《おたて》の乱)。景虎を支援するため、実家である北条氏は援軍を越後へ向かわせた。同年七月十七日には上杉氏の関東口における拠点沼田城を攻略、また、同月五日には北条軍の主要部隊が越後上田荘《うえだのしょう》(新潟県南魚沼市・同湯沢町周辺域)へ侵攻しており、そのなかには上杉方の厩橋《まやばし》城(群馬県前橋市)将だった北条《きたじょう》高広《たかひろ》・景広《かげひろ》父子の姿もあった。

一方、景勝は七月五日付で登坂与右衛門尉《とさかよえもんのじょう》・樋口主水助《ひぐちもんどのすけ》・深沢刑部少輔《ふかざわぎょうぶのしょう》の上田衆三人へ宛てて書状を発している。内容は「登坂与右衛門尉に兵をつけて上田荘へ派遣した」ことを知らせるとともに、その登坂に対して「関東との境目である荒砥《あらと》（同湯沢町）・直路《じきろ》（南魚沼市）に城を造成し、何としてでも兵を集め、関東から攻めて来る北条軍に対して防戦するように」と命じている。

関東と越後を結ぶ道は、三国《みくに》峠越えルートと清水《しみず》峠越えルートの二つがあった。両ルートの越後国内へ入った所に荒砥・直路両城はそれぞれ位置する（三一頁「沼田・上田荘地域図」参照）。

一週間後、景勝は登坂・深沢両氏へ宛てて書状を発した。まず「直路・荒砥山を城として取り立て、早く完成させるようにつとめること、樺沢《かばのさわ》城（南魚沼市）はそのまま在城衆に守らせ、それ以外の小屋構えは前に命じたようにすべて破却し、現在城造りを担当している二人へは「地下鑓《じげやり》」であっても集めて在城させること」を命じている。城を造っている担当者二人が誰を指しているのか不明だが、直路・荒砥へ地下人《じげにん》（百姓など一般庶民）を入れるよう指示している。

また、「小屋構え」（小規模な城のことか）を破却する理由についても書かれており、「人員がいないのに、あちらこちらの城を守らせようと、浦佐《うらさ》城（南魚沼市）・六万騎《ろくまんき》城（同市）をはじめとして、地下人たちに在城を命じるとはまったく困ったことだ。敵が大波のようにどっと攻めてきた時、地下人たちは必ず城を捨てて逃げてしまうのにもかかわらず、中途半端に地下人たちだけに城をもたせ、結局敵のものになってしまうのに困ったことだ」といった具合である。

つまり、兵力不足のため、上田荘の拠点である坂戸《さかど》城（南魚沼市）以外では直路・荒砥・樺沢の三城に人員を集中させ、浦佐・六万騎など、そのほかの城はすべて破却するよう景勝は命じていたのである。地下人たちだけで城を守らせても敵が攻めて来た時にはすぐ逃げてしまう、というのが景勝の地下人に対する認識だった。

このような認識は先代の謙信も同様だった。少し話は脱線するが、山田邦明氏の研究成果に沿って、謙信時代における境目の村々の様子をみてみよう。

天正元年（一五七三）五月十四日、謙信は家臣の河隅三郎左衛門《かわすみさぶろうさえもん》・庄田隼人《しょうだはやと》両人へ書状を発した。そこには「境・市振《いちぶり》・玉ノ木・宮崎の者たちに槍と小旗を用意させ、近辺の村に集結じ、敵方の船が着岸したところへ攻撃すれば、敵も相手ができないだろう」と書かれている。境・市振・玉ノ木・宮崎は越後と越中両国境目の海岸線にある村々で、この時は越中椎名《しいな》氏の牢人《ろうにん》衆による海賊行為の被害を受けていた。

続けて「敵を一人でも見かけると村の者たちは散り散りに逃げてしまうから、敵は調子に乗って村々を襲撃し、焼き払うのである。今後は地下人自身のためなのだから、鑓・小旗を用意させよ」と、地下人たち自身で村を防衛させるよう謙信は河隅・庄田両氏へ指示を出している。

つまり謙信は、境目の住人たちが敵の襲来を受けた場合、すぐに「散り散りに逃げてしまう」ものであると認識していた。ここまでは景勝と同じなのだが、謙信はどうにかして村の者たちを利用しようと考えた。すなわち、彼らに対して「自分の村は自分で守れ」という論理で説得し、武器をもたせ、大名の地域防衛の一端を担わせようとしていたのである。ただ、謙信の作戦がうまくいったのかどうかはわからない。

もうひとつ、地下人たちの気質が垣間見える事例を紹介する。天正十年（一五八二）三月、織田軍の甲斐侵攻によって武田氏が滅亡した際、軍の一部は信濃国から上野国内へ侵攻していた。

この時、上野の猿ヶ京《さるがきょう》城（群馬県みなかみ町）に居たと思われる景勝配下の矢野綱直《やのつななお》という人物から、越後上田荘の栗林《くりばやし》氏へ宛てて三月二十一日付で二通、二十七日付で一通、計三通の書状が届いた。二十一日付の二通については次節で取り上げることとして、ここでは三月二十七日付書状に注目したい。

差出人の矢野氏は、御手廻衆《おてまわりしゅう》として謙信の身近に仕えていた者たちの一人だった。どのような経緯があったか不明だが、景勝の代になって関東口の守備にあたっていたようである。

宛所の栗林氏は、第一章で登場した栗林治部少輔《じぶのしょう》（この時は「肥前守《ひぜんのかみ》」）で、当時は三国峠より越後側にやや下ったところに位置する荒砥城に在城していた。おそらく武田氏滅亡により混乱していた上野の情報を収集し、景勝へ随時報告していたのだろう。

まず、書状前半部分では、武田氏の家臣である八重森因幡守《やえもりいなばのかみ》の使者が昨日到着したこと、援軍である番衆が到着したことを知らせ、さらなる援軍派遣を要請している。

そのあとに「このままの状態にしておくならば、少々の人数をいただき、須川《すがわ》に屋敷を建てたく思います。そのようにしなかった場合、地下人たちはことごとく上田荘へ行くと言って、一人残らず長井周辺の山小屋へ入ってしまいます」と報告している。

須川とは現在のみなかみ町須川で、猿ヶ京城から数キロ沼田方面へ下った三国街道沿いに位置する。そこに建設する「屋敷」とは、おそらく簡略に造った防衛施設のことであろう。矢野氏は前線に城を造ることで、地下人を動員していた猿ヶ京の危険性を低くし、彼らを在城させる説得材料にしようとしていたのではないか。

また、「長井」とは三国街道の上野側最奥の宿場であった永井のことだろう。つまり、猿ヶ京城周辺の地下人たちが永井周辺の山小屋へ入るというのは、三国峠を越えて越後側へすぐ逃げられるように準備することを意味していた。

さらに続けて矢野氏は、そのような事態を生じさせてはならないとしたうえで、「この旨、手立てをよく考えていただき、そのお返事をお待ちしております。お返事次第では、すべての地下人が上田荘へ行くことを決めています」と書いて、さらなる援軍が来なければ地下人は上田荘へ行ってしまい、上野側の上杉領を防衛することは不可能になりますよ、と半ば脅すような言い方で、援軍の必要性を力説していた。

地下人たちは、地域が戦場化する恐れがあった場合、安全な場所へ逃げることを最優先としていたことは、これまでみてきた事例と同様である。そして、地域を統轄していた矢野氏でさえも、地下人の安全を確保するための説得性ある根拠を示さなければ、彼らを留めておくことはできなかったことがわかる。

話を元に戻そう。第一章でも触れたが、境目の住人だけではなく当時の民衆にとって、自分たちが安心安全に暮らすことができれば、どの大名・領主の支配下になろうが構わなかった。逆に言えば、安心安全を保つことができない大名・領主からはすぐに人心が離れていった。こうした背景があったからこそ、大名は民衆に対してつねに気を配っているのだが、一方で兵力として動員する際には用心深く、あまり信用を置くことはなかったのである。これは先の仁科《にしな》氏に対する武田信玄《しんげん》の考えと同様であろう。

## （2）逃亡する家臣たち

御館の乱における一方の当事者であった上杉景虎は、北条氏康《うじやす》の子で、上杉謙信の許へ養

春日山城から望む御館方面

子として送り込まれた人物だった。先述したように天正六年、景虎を援護するため北条氏は三国峠を越えて上田荘へ侵攻した。越後に出自をもつ北条《きたじょう》高広・景広父子を先導者として北条軍は樺沢城を攻略し、当初は戦いを優位に進めていた。

その頃、春日山《かすがやま》城（上越市）にいた景勝と、同城から北東に約三・五キロメートル離れた御館《おたて》（同市）に籠城していた景虎は、七月二十七日に大場（同市）において一戦を交えた。

同日夜、景勝配下の金子大学助《だいがくのすけ》が逃亡するという事件が発生した。翌日、景勝から広瀬（新潟県魚沼市周辺域）衆の佐藤平左衛門尉《へいざえもんのじょう》へ宛てた書状には「二十七日夜に金子大学助が逃亡したので、用心の備えをして油断しないように」と金子の逃亡を知らせるとともに、「金子が広瀬へ行くようなことがあれば、速やかに報告するように」と命じている。

景勝は、ほぼ同内容の書状を上田荘の統轄者である深沢刑部少輔にも送っていた。そこには「今夜、金子大学助が逃亡した。そのため、広瀬へも油断しないよう伝えたが、そちら（上田荘）においても油断しないことはいうまでもない。状況を事細かに報告するのが大切である」として、追伸では「両口へもこのことを伝え、油断なきように」と念を押している。「両口」とは、関東と越後を結ぶ二つの街道（清水峠・三国峠を越える両ルート）をそれぞれ押さえている直路・荒砥両城のことであろう。したがって、金子氏は春日山から逃亡し、景虎へ援軍を派遣していた北条方のもとへ行こうとしていた可能性が高い。少なくとも景勝はそのように想定していたのである。

景勝方から寝返る給人（家臣）は度々いたようで、同年九月八日付の景勝書状では、小森沢《こもりさわ》政秀《まさひで》・金子二郎右衛門《じろうえもん》両人が、春日山から逃亡した者を取り押さえたことについて景勝から賞され、「再び逃亡した者がいたならば処罰することは当然である」と伝えられている。

小森沢・金子両氏は上田荘の西に位置する妻有《つまり》地方を守備していた者たちだった。同地で捕らえられたことから推測すると、逃亡者は信濃方面もしくは上田荘を経由して関東方面へ逃げようとしていたと思われるが、当時、武田氏は景勝に対して北条軍の信濃通過を制限すると誓約していた。そうなると、関東へ逃げようとしていた可能性が高い。

さらに同月十二日、景勝は広瀬の佐藤平左衛門尉に再び書状を送った。内容は、椿喜助《つばききすけ》が春日山にいた広瀬の者どもを召連れて逃亡したことを報じ、どのような計議・計策を用いてでも、広瀬を突破されないよう命じたものだった。椿喜助は広瀬衆を引き連れて一隊ごと逃亡したのである。

以上、景勝方から離反し、北条氏を頼って逃亡する者が上田荘周辺を通過しようとしていた状況をみてきた。景勝のすぐそばに従軍していた給人たちのなかでさえ、戦時になれば逃亡・離反する者が度々出てきたのである。

### （3）寝返りの説得工作

樺沢城を攻略した北条軍と坂戸城に籠る景勝方との戦況はその後、膠着状態となった。十月十二日、河田重親《かわだしげちか》へ宛てて景勝から書状が送られた。河田氏は元々上杉方の沼田城将であったが、御館の乱勃発後に景虎方へ寝返り、北条軍の一員として樺沢城へ入っていた。

書状の内容は「（重親の甥で謙信の側近でもあった）河田長親《ながちか》が景勝に味方している。重親が北条方に離反することはよもやないであろうが、その場でとっさに景虎へつくことを判断してしまったことは気にしなくてもよい」こと、さらに「今回どのような形であっても上田荘において景勝方として忠信を尽くせば喜ばしいことである」として景勝方へ戻るよう説得している。しかし、河田重親は景勝の説得に応じず、その後も北条氏配下として従軍した。

翌七年二月三日、景勝は長尾景憲《かげのり》へ宛てて書状を送った。彼は北条方として樺沢城に籠っていたのだが、景勝方へ寝返ったため賞されている。長尾景憲は間もなく栗林治部少輔とともに直路・荒砥の関東口守備を担っており、北条方の内情をよく知る者として即戦力となっていた。

三月には早速、景憲を通じて安辺彦太郎《あべひこたろう》・清左衛門《せいざえもん》の両人が、北条方の沼田城から離脱し、景勝方へつくことを申し出てきた。

以上のように上田荘周辺地域が戦場となった御館の乱の最中、敵方へ離反する者が多く存在し、その裏ではそれぞれ自軍の味方になるよう説得工作がおこなわれていた。戦争の最中には、地下人に限らず多くの者たちが戦況をにらみつつ、自らが生き残るためにどの勢力下に入るかを決めていたのであり、人びとの動きは非常に流動的なものだった。

## 2　境目の人質慣行

### (1)「差し出す側」からみた人質の意味

戦乱時における人びとの流動性についてみてきたが、このような事態になることは大名側も当然わかっており、彼らは家臣たちの離反を防ぐための手立てとして、その親族（主に妻や子ども）を人質として預かっていた。

また、村と領主との関係においても、戦乱の際には村の者たちが領主の城に籠城していたことが知られており、①彼らが戦闘員としての一面をもっていたこと、②有力な地下人・百姓の離反を防ぐため、彼らの妻子を人質として城中で預かっていたこと、③侍の妻子を人質とするのは離反を防ぐためであると同時に敵方へ取られないためでもあったこと、などが指摘されている。

しかし、こうした見方はあくまで人質を取る側からの視点であり、地下人・百姓や侍の妻子は、支配者側から一方的に籠城させられたという認識が前提となっている。果たして実態はどうであろうか。本節では人質を差し出す側の視点からみてみよう。

天正十年（一五八二）三月、武田氏が滅亡した際、織田軍の一部が信濃国から上野国内へ侵攻した時の情勢について、矢野綱直《やのつななお》が計三通の書状によって越後上田荘の栗林氏へ伝えている。三月二十七日付の書状については、前節で取り上げた。ここでは人質のことについて書かれている二十一日付の二通について詳しくみていきたい。

二十一日付の最初の書状では、沼田城をはじめとする「上野国内の諸城は、いまだ織田方へ出仕していない」と伝えている。また、追伸で「上野国内は騒乱が起こったような状況なので、以前申し上げたようにご加勢の兵をよこしてください」と援軍の要請をしており、緊迫した状況になっていたことが窺われる。

同日付のもう一通は、全体が先の書状の追伸となっている。矢野氏は「こちらはすべてにおいて難渋しておりますので、何としてでも援軍をよこしていただくとともに、私の妻子を上田荘へ引き取っていただき、お心にかけてください」と栗林氏に依頼している。先の書状に続いてここでも援軍の催促から始まっているのだが、そのあとに妻子を上田荘へ引き取ってくれるよう依頼していることが注目される。矢野氏自ら妻子を人質として栗林氏へ差し出そうとしていたとみてよい文言である。この件については後述する。

続けて「ご加勢がないため、こちらの地下人たちはいち早くそれぞれの居住地へ戻ってしまいました」とあり、地下人たちが危険を予測し、城から逃げ出して帰村してしまったと報告している。

そして、再び矢野氏の親族の話となり、上田荘に預けた人質に対する援助について配慮をお願いし、さらに「林善左衛門尉《はやしぜんざえもんのじょう》という者の人質は私（矢野）が毎日召し使っていた者なので、（矢野の）母が人質となっている場所に置いてくれるよう」頼んでいる。

つまり、栗林氏の管理下において、すでに矢野氏の母が人質として預けられており、そのほかにも、同氏の家臣と思われる林氏の人質もいたことがわかる。また、人質の管理体制としては、差し出す側に対してかなり配慮していたことが窺われ、矢野氏のような前線の指揮官レベルの人質には召使を付けるなど、生活レベルもある程度保障されていたようである。

以上のように、二十一日付の二通の書状は、上野国内の状況報告、援軍の派遣と人質への配慮を要請したものだった。

## (2)領主たちの人質

先に矢野氏が妻子を人質として自ら差し出そうとしていたことに触れた。すでに彼の母が人質となっていたにもかかわらず、さらに妻子を差し出すことにどのような意味があったのだろうか。

次の史料は、永禄六年（一五六三）に上野国和田城（群馬県高崎市）主の和田氏が上杉方から武田方に寝返った際、その処置について十二月十七日付で武田信玄が山宮氏らに伝えた朱印《しゅいん》状《じょう》の一部である。

一、和田が甲府へ来たので、彼の心中を確かめたところ、終始一貫して謀反の心はないと言われている。その通りに聞き入れる意向であること。

一、和田の望みによって、妻子従類は信州へ移すつもりだったが、敵が騒々しく動いている時であり、世間の評判はいかがであろうか。また、地衆が不足しているので、妻子従類を移すことは中止した。一方で、和田の母を人質として武田方へ差し出されるよう申してから時が経っている。頻りに（和田が母を渡すことはできないと）嘆願するので、どうにもしようがない。和田の（人質に関する）処置は、易占いによって決定すること。

〔内閣文庫所蔵「諸州古文書」九・『戦武』八五二〕

注目すべきは第二条である。和田氏は妻子や一族・家来を信濃へ移すことを望んでいた。しかし、信玄は和田城周辺が上杉氏との境目であり、彼の妻子たちのみ特別扱いにして移すことは世間（和田家中をはじめ、和田城周辺域の領主層から民衆に至る幅広い範囲の人びと）の評判がよくないであろうと考えていた。さらに和田城の地元の軍役衆が不足していることから、妻子たちの信濃行きを認めない決定を下した。

つまり、和田氏は妻子たちを表向きは人質として、内実は境目から比較的安全な信濃へ移し、武田氏に保護してもらうことを望んでいたのである。一方、信玄も世間の評判や人手不足を口実にしていることから、彼の本来の望みを理解していたことが読み取れる。

余談だが、もう一点興味深いのは、信玄といえども世間の評判、いわゆる世論を気にしながら政策を決定していたことが窺えることだ。プロローグで述べたように戦国大名が軍事力だけで領内の者たちを服従させていたわけではないことがわかる。

さて、ここで人質の保護について上杉氏の場合を考えると、上野国内の領主や民衆を比較的安全な場所へ保護しようとする場合、まず候補に挙がる場所は地理的な位置から考えて上田荘であろう。

上杉謙信の時代である永禄九年（一五六六）四月には、猿ヶ京周辺の人質を沼田城から上田荘へ移すことを謙信は命じている。また、第Ⅱ部で詳述するが、元亀二年（一五七一）五月には、山鳥原《やまどりはら》（高崎市）の住人たちの妻子が武田方に連れ去られた際、栗林次郎左衛門尉《じろうさえもんのじょう》が使者とともに武田方との境目へ赴いて返還交渉に臨んだ。その際、謙信は交渉が決裂した場合、山鳥原の住人たちを上田荘へ引き取るよう命じている。

以上のように、上野国内の人質や境目の者たちを引き取る場として上田荘が史料上にみえ、彼らを保護するには比較的安全な場所といった認識が謙信にはあったと考えられる。

そこで、矢野氏の人質の話に戻ると、上野国内が危険な状況になりつつも任務を果たしていた彼は、その見返りとして妻子を比較的安全な上田荘で保護してもらうことを意図し、表向きは人質という体裁をとって栗林氏に引き取ってもらうよう依頼していた可能性が高い。なぜそのような体裁をとったかといえば、先の信玄の言葉にあるように、不安定な状況にある地域において、統轄者の親族がそこから脱出することに対する世間の妬みや動揺などを気にしたのであろう。

つまり人質といっても、一概に離反を防ぐため権力者側が一方的な強制によって供出させるものばかりではなく、境目において軍役をつとめていた領主たちが、妻子をより安全な場所で保護してもらおうといった思惑で、自ら差し出す形態も存在したのである。

## （3）地下人の人質

次に、地下人の人質についてみていこう。天正十一年（一五八三）四月、豊臣秀吉と連携していた景勝は、秀吉と対立する越前の柴田勝家への備えとして糸魚川（新潟県）に新たな城を築き、そこへ越中衆を入れ、秋山定綱《さだつな》を監察官として置いた。そして、秋山氏へ「地下人衆から人質を取って実城《みじょう》に置き、しっかりと番をするように命じること。その際、地下人衆を大切に扱うことはもちろんである。」と指示している。

「実城」とは城の中心部、もしくは本城のことであり、秋山氏の居る糸魚川の新城に人質を置き、見張り番を付けていたことがわかる。このことは領主側からみれば、人質が逃亡したり反抗したりすることを未然に防ぐため、確実に見張りができる場所に人質を置いていたと捉えることができる。

一方、地下人側からの視点で、景勝の指示を捉えた場合はどうであろうか。地下人は自分たちが差し出した人質（おそらく妻子）を城内で保護してもらうことを期待していたのではなかろうか。そのため、人質はもっとも守備の堅い「実城」に置き、兵力として動員した地下人たちを大切に扱うよう景勝は指示していたとみることもできる。

同様な措置は、御館の乱において景勝と敵対していた景虎もおこなっていた。天正六年九月二十二日付で、景虎は諏訪部彦五郎《すわべひこごろう》と松本因幡守《いなばのかみ》宛に朱印状を送っている。そこには「諏訪部・松本の拠点に置いている地下人の人質たちについて、こちらから連絡があり次第、しっかりと「番」をするよう家臣へ命じ、周辺の地下人には早く小屋上がりすることを命じるようにに」と書かれている。

諏訪部・松本両氏の詳細は不明だが、景虎方として佐渡山《さどやま》（新潟県燕市）・出雲崎《いずもざき》（同出雲崎町）周辺の拠点にいたと考えられる。

また、「小屋上がり」している地下人たちは、諏訪部・松本両氏によって兵力として動員された者たちであろう。すなわち、地下人たちの妻子を城のなかに保護するかわりに、景勝軍が攻めてきた際には、小屋に上がって待機し、いざとなれば戦うことを期待されていたのだ。そうであるならば、「番」という言葉には人質を見張るというよりも、敵から人質を守るための「番」という意味合いだったことも想定される。

以上のことから、地下人の人質においても領主層の人質と同様な考え方が当時存在していたことがわかり、大名が地下人を軍事動員するには、彼らから受け取った人質の安全を保障することが条件となっていたようだ。このような領主との関係性、つまり何らかのメリットがあればこそ地下人は動員に応じたのである。

## （4）気を遣う大名たち

人質が一方的に差し出されるものでないことは、ほかの地域でも確認できる。ここでは久保健一郎氏の研究によりながら、常陸国牛久《うしく》城（茨城県牛久市）を本拠とした岡見《おかみ》氏が、北条氏から人質の提出を求められた際の様子をみていくことにしよう。

岡見氏の勢力圏北方には対立していた多賀谷《たがや》氏、さらにその背後には佐竹《さたけ》氏がついていた。そのため、岡見氏は佐竹氏と対立していた北条氏を頼ることとなった。つまり、視野を広くとれば、佐竹派と北条派との境目に位置していたのが岡見氏だった。実際、岡見氏の勢力圏と目される地域のなかには、「多賀谷氏と半手《はんて》の知行分」とされている村々がいくつもあった。天正十四年（一五八六）、北条氏は豊臣秀吉の脅威が迫るなか、防衛体制整備の一環として、各地域の領主から人質を徴収しており、岡見氏も提出を求められた。

同年、岡見治広《はるひろ》の代官五郎兵衛《ごろうひょうえ》が小田原へ参府し、援軍の派遣を北条氏に願い出た。それに対し北条氏は、「境目の地に在城しているため」という理由で、牛久城主であり岡見氏嫡流の岡見治広と庶流で足高《あだか》城（茨城県つくばみらい市）主の岡見宗治《むねはる》両氏からの人質提出を求めた。治広は了承した一方で宗治が提出を拒否した。

北条氏サイドで岡見氏との交渉を実際におこなっていたのは、当主氏直《うじなお》への取次《とりつぎ》役を担っていた北条氏照《うじてる》だった。八月十九日付で氏照は問題の宗治へ宛てて書状を出している。

あなたからの人質を（氏直が）ご所望したところ、応じないという内々の所存とのこと、まったく妥当性を欠いています。長年境目の地に在城し、人一倍の（北条氏への）忠信は浅からぬことです。今回は内々の相談通りひと月ふた月の間のことですから、人質を進上して、治広方の援軍派遣の要請も間違いなく達成されるように振る舞うことが重要でしょう。

［岡見文書・『牛久市史料中世Ⅰ』一九二］

氏照は「宗治が人質を提出しなければ、治広から要請があった援軍派遣には応じませんよ」と遠回しに言っており、援軍派遣と人質提出はセットだった。

一週間後の二十六日、氏照は治広へ書状を送った。

（岡見氏への）ご加勢のことは、どのようなことがあっても私（氏照）が当主氏直に進言しますゆえ、先日ご対面した際の約束の大筋として、三人の人質提出は当然のことです。（中略）貴殿の五郎右衛門尉のことは済みました。宗治はまったく困ったものです。ご疑心は無いといっても人質提出を拒否されることは外聞がよくありません。五〜十日の間にでもまず提出するよう（治広から）説得されるのがよろしいでしょう。

〔旧記集覧・『牛久市史料中世Ⅰ』一九三〕

やはり、ここでも援軍派遣と人質提出はセットとされており、氏照は三人の人質を要求している。しかし、宗治は依然として拒否の姿勢を崩さないため、治広のほうから宗治を説得するよう氏照は促している。さらに翌日、氏照は再び宗治を説得する書状を出している。

先日は小田原の当主氏直からの仰せにより、人質の件を申し上げたところ、拒否すると承りました。詳細においてはもっともで異議はありません。しかし、治広方からの援軍要請の件を（氏直が）了承されたのにもかかわらず、あなたの考えによって横やりが入れば、すべてが無駄になってしまいます。（中略）すでに治広方は実子を進上された以上、どんな考えでも承ります。十～十五日の逗留ですから何の苦労がありましょうか。苦労なんぞありません。

［岡見文書・『牛久市史料中世Ⅰ』一九四］

治広からはすでに実子が差し出されていたが、宗治から人質が提出されなければ援軍要請には応じられないと氏照は再度伝えている。

こうしてみてくると、北条氏は人質を提出することが味方である証し、と考えていたようである。一方、岡見治広も無条件に人質を差し出そうとしていたわけではなく、北条氏による援軍派遣との交換条件だった。ただ、当主の治広が北条氏の要求を受け入れたのにもかかわらず、庶流の宗治が拒否したことで援軍派遣の話は頓挫してしまった。

先にみてきたような、妻子の安全を考慮して大名に預けようといった考えは、岡見氏クラスほどの大きな所領をもつ領主になると、あまりないのかもしれない。だからといって、北条氏の言いなりになることは決してなく、自立的な意識をもって交渉に臨んでいた。

一方、氏照が宗治に対して人質を差し出すよう懸命に説得していたことも印象深い。さすがに当主氏直の権威を落とさぬよう、人質について妥協はできないと言ってはいるものの、全体としては丁寧な対応をしていたことがわかる。境目領主に対しては、強制的な権力発動がなかなかできず、大名側も対応に苦慮していた様子が窺える。

## 3　大名による境目への負担軽減策

### (1) 境目の領主・住人への配慮

境目領主と大名との関係性は非常に不安定なもので、境目領主はいつでも敵方へ寝返る可能性があり、大名が対応に苦慮していたことはこれまでみてきた通りである。大名側としては、彼らを如何にして味方へ引き入れ、繋ぎとめておくことができるかが問題となってくる。

ここでは、地侍《じざむらい》クラスの人物にスポットを当てて、右の問題について大名が如何に対処したのかみてみよう。具体例として取り上げるのは、戦国期に大平《おおひら》(長野県大町市)周辺地域をおさえていた北沢孫左衛門尉《きたざわまごさえもんのじょう》である。

大平は、天正十年(一五八二)の武田氏滅亡以降、北から上杉景勝、南から木曽義昌《きそよしまさ》、のちに小笠原貞慶《さだよし》が進出してきた場所だった(三二頁「千国道筋地域図」参照)。北沢氏は同年十一月九日付で小笠原貞慶から日岐《ひき》領(長野県生坂村)・小河領(同小川村)の内、合計三十貫文を宛行《あてが》うという判物《はんもつ》を受け取っていた。しかし、小笠原氏は九月上旬に上杉方の日岐城を攻略したばかりで、小河領に至っては、依然として上杉氏の勢力下だった可能性が高い。つまり、先の判物は北沢氏を味方へ引き入れるためのいわば約束手形だった。

その後、小笠原氏は勢力を北へ拡大し、翌天正十一年二月には筑摩《つかま》・安曇《あずみ》両郡をおおかた勢力下におさめた。実際に翌三月三日付の小笠原貞慶判物では「千国跡職《ちくにあとしき》」を千国（長野県小谷村）十人の奉公衆に安堵《あんど》し、小谷《おたり》筋の用心を油断なくおこなうよう命じており、彼らが小笠原氏の配下となっていたことが確認できる。この時点で、小笠原氏は越後国境近くまで勢力圏におさめていた。

同時期、北沢氏は小笠原氏から本拠である大平の地を安堵されている。おそらく先の約束手形が実現化したところで、改めて本領についても確認したのだろう。しかし、依然として上杉軍の反撃もあり、大平周辺地域はしばらくの間、上杉・小笠原両勢力の境目だったようである。

さて、次に掲げる史料の差出人である忠次郎貞正《ちゅうじろうさだまさ》は小笠原氏一門で、当主貞慶の奉行人的存在と言われており、貞慶の意を奉じて細萱長知《ほそがやながとも》へその命を伝えている。

大平の孫左衛門尉は（貞慶への）度々のご奉公により、ご給恩を与えられたが、境目であることから、収入がないに等しい状態である。孫左衛門尉の屋敷などは一貫文とのことなので、まずはその分を（貞慶が）下されるとのご意向である。したがって、勝野源助《かつのげんすけ》が孫左衛門尉の土地を差し押さえているとのことだが、勝野は細萱殿の寄子《よりこ》であるから、（細萱から勝野へ）命じられて孫左衛門尉へ土地を返却なさるように。そのため私から連絡をしました。以上。

（中略）

尚々、去年も年貢のかたとして馬を取りあげられたと孫左衛門尉から貞慶へ伝えられた。この場所は境目のため、まったく年貢を徴収することなどないのに、馬を取り上げたことは不当であるから、すぐに返却するよう勝野へ命じられるように。これは（貞慶の）ご命令です。

［北沢氏所蔵・『信』十六－三］

北沢孫左衛門尉の本領は上杉方との「境目」で、土地が戦闘で荒らされたためか、所領からの収益がなかったようである。そこで、細萱氏の寄子（与力）である勝野源助が年貢未進を理由に北沢氏の土地を差し押さえたのだが、北沢氏は「勝野の行為は不当である」として小笠原氏へ訴えたのである。その結果、勝野氏の寄親《よりおや》（指南者）であった細萱長知に対して、土地の返却を勝野氏へ命じるよう裁定が下された。

さらに追伸（「尚々」以下）では、去年も年貢のかたとして馬を取られていたことが記されている。これに対して小笠原氏は、大平の地は境目のため、まったく年貢などを納入する必要が無いにもかかわらず、馬を取ったことは不当であるから、すぐに返すよう細萱氏へ指示している。

注目すべき点は、境目に所領をもつ北沢氏のような領主からは年貢を徴収しないこと、そして、彼らが不当な扱いを受けたとして訴えてきた場合、小笠原貞慶が直接それを受けて、裁定を下していることである。

北沢氏のような一村程度の所領しかもたない地侍クラスの者は、その地域が境目になれば年貢を納入できないほど困窮してしまうことは想像に難くない。しかし、小笠原氏にしてみれば大平は上杉方への橋頭保として重要な地だったため、なんとしてでも彼を味方につけておく必要があった。北沢氏は破格の扱いを受けて小笠原氏から迎え入れられたのである。

次に、境目の住人に対して大名が配慮している事例をひとつ紹介しよう。山中湖（山梨県山中湖村）周辺に居住していたと考えられる六郎右衛門《ろくろうえもん》ほか十二名へ宛てた永禄十一年（一五六八）十一月三日付の武田家朱印状について、齋藤慎一氏の研究によりながら詳しくみていくことにしたい。

内容は「甲斐と駿河を結ぶ道が不自由となり通行できないため、本栖《もとす》地下人たちと同様に諸役御赦免との旨、（信玄が）命令を発せられた。」という短いものである。この朱印状が出された時期は、武田・北条・今川三氏のいわゆる三国同盟が決裂する直前であった。約一か月後の十二月六日、信玄は甲府を出陣して今川領の駿河へ侵攻し、九日には大宮城（静岡県富士宮市）を攻撃している。

実のところ武田・今川両氏の関係は、前年からすでに悪化しており、今川氏真《うじざね》は武田氏と敵対していた越後の上杉氏と連絡をとっていた。また、先の武田家朱印状が発給された十一月以前に、氏真は武田氏が駿河へ侵攻してくるという情報を入手していたようで、甲斐へ通じる道を封鎖したため、甲斐と駿河を結ぶ道は通行できなくなっていた。

「本栖地下人」とは本栖城（山梨県富士河口湖町）周辺の住人のことであり、同地には駿河へ抜ける中道往還《なかみちおうかん》が通っていた。この道も今川氏によって封鎖され、山中湖周辺の住人よりもひと足早く諸役を免除されていた。そして今回、本栖地下人たちと同様に山中湖周辺の住人も諸役を免除すると武田氏が命じたわけだが、なぜ彼らは諸役を免除されたのであろうか。

武田・今川両氏の関係が良好な時期は、甲斐・駿河両国を跨いで人びとの往来が多かったことが想定できる。その際、街道には第一章でみたように関所が設置され、通行人から様々な形で通行税を徴収していたにちがいない。山中・本栖の者たちのなかには運送業に携わる者もいたであろう。そこで得た収益の一部を武田氏へ役として納入していたわけだが、交通が途絶えてしまったことにより収益がなくなってしまった。役を納入することができなくなった山中湖周辺の住人たちは、諸役の免除を武田氏に訴え、その結果として先の朱印状が下されたのだった。

以上のように、境目の領主・住人に対して大名は非常に気を遣っていたわけだが、反対の立場からみれば、自分たちの要求を積極的に大名へ訴えることで、問題を有利に解決しようとしていたのであり、ある意味非常にしたたかな者たちだったといえよう。

## （2）境目で耕作する百姓

百姓たち（ここでは主に農民）は田畑で多くの作物を育て、食料として市場に出荷したり、あるいは年貢として領主に納めたりすることで大名の「国家」運営を支えていた。そのような百姓たちは自らの土地が境目となった場合、どのような行動をとっていたのであろうか。

ここでは、天正八年（一五八〇）二月二十五日付で北条氏が伊豆国田方《たがた》郡の領主たちに対して発した五か条の命令書を通して、境目の百姓たちの行動をみていくこととしよう。

豆州田方郷村のことにつき、すべての領主たちへ命じる筋道の事

一ヶ所　多呂《たろ》

一、今年の田植えの事、少しも残さず植付けをおこなうよう、堅く命じられよ。万が一、敵・味方の争いによって植付けの苦労が水泡に帰するのではと予測し、田植えをおこなわないのは道理にそむく事である。敵・味方のこと以前の問題なので、堅く命じられる事。

一、先ごろ郷村《ごうそん》が放火にあい、百姓が方々へ「逃散《ちょうさん》」した。損失や復旧については領主として事情を考慮し、納入期限を延期するなど百姓たちを助け、手あつく対処する事。

一、郷村へ何としてでも戻ることは当然である。もし夜中に敵が忍び入り攻撃され、土地を追い払われたならば、その付近をめぐらせて「出作《でさく》」としてでも耕作するまでである。

一、その郷の百姓が万が一、領主に背いて他郷へ移り住んだならば、一度移った先の領主に断ってから連れ戻すように。あれこれと言って応じない者については、北条氏当主を通じて連れ戻し、当事者の百姓と従類たちの首を斬る事。

一、伊豆国田方郡が戦闘地域であるからといって、（北条氏の）分国中どこへ散り散りに逃げたとしても、領主の命令に背いて他所へ移ったならば、後年になっても見つけ次第死罪とする事。

右、郷中の措置、私領の事に干渉するわけではないことはもちろんだが、諸百姓のためであるので、こうして命じているのだ。右の郷中の措置を軽んじて扱い、不作が生じたならば、領主の落ち度として処することになる。以上、定めるところは前記記載の通りである。

(天正八年)
庚辰
二月二十五日（朱印）
愛染院《あいぜんいん》

〔小出文書・『戦北』二一四二〕

宛先の愛染院（静岡県三島市）は三嶋社の子院で、史料冒頭にみえる多呂郷（同市）の領主だった。おそらく、同様の命令書が各郷村の領主に出されたのだろう。

まず、第一条では必ず田植えをさせるよう命じている。武田氏との境目となっていた田方郡の百姓たちは、耕作地が戦場となってしまい、せっかく作付した田畑が踏み荒らされる、あるいは刈り取られてしまうことを見越して、作付しないことがあったようだ。当時の戦争では、侵攻してきた敵軍によって田畑に植えられたものは生育しないよう荒らされ、実ったものは食糧として刈り取られることが少なくなかった。しかし、北条氏にとってみれば、こうした「田植え拒否」が横行すれば年貢収入が減少し、自らの財政に深刻な影響が及ぶため、必ず百姓に田植えをさせるよう領主たちへ厳命したのである。

第二条には百姓たちが「逃散」した場合の対処法が書かれている。中世において、百姓が村単位など集団で田畑を捨てて山野など他所へ逃れることを「逃散」といい、領主に対する闘争手段として用いられた。つまり、現在でいえばストライキみたいなものだが、百姓側にとっても土地を失いかねないリスクが伴うものだった。一方、領主側にしても集団で耕作放棄されれば、受ける打撃は大きかった。その結果、両者の間で交渉の場がもたれ、百姓たちの「還住《げんじゅう》」（本来の居住地にかえり住むこと）が模索されたのである。

おそらく当時、武田方の者による放火の被害にあい、他方で領主からは年貢納入を催促され、困窮した百姓たちの逃散が発生したのだろう。北条氏は事情を考慮して柔軟に対応するよう領主側に求め、百姓たちが居住地に戻って耕作を続けられるように指示したのである。

第三条においても、百姓を居住地に戻し、田畑の耕作をさせることが北条氏にとって最優先だったことが確認できる。「出作」とは古代・中世において居住地以外の荘園・村に出かけて耕作することをいう。つまり、武田勢によって居住地を追い出されても、避難先から様子を窺いつつ戻って耕作を続けるよう仕向けることを領主に命じている。

第四条は、勝手に他郷へ移り住んだ百姓について、厳しい態度で臨むことを指示している。最後の第五条では、田方郡が武田方との間で激しい戦闘がおこなわれている地域であることを北条氏自身が認めている。しかし、それでも田方郡の住人たちには現地にとどまって耕作を続けるよう求めていた。

そして、北条氏は最後に領主たちへ向けて、不作が生じた際の責任は各領主にあることを掲げて結んでいる。

北条氏が田方郡の領主に発した命令書を細かくみてきたが、百姓たちは自分たちの身に危険が迫ったり、領主に不満を感じたりした場合、耕作を放棄して山へ避難する、あるいは他所へ移り住むことが少なくなかったことが窺える。

北条氏は耕作放棄地が増大することを恐れ、領主の責任のもとで百姓を耕作に専念させるよう厳重に命じたのである。一見、北条氏の百姓に対する強硬な姿勢と思える表現もあるが、一方で領主に対して、百姓を助け柔軟に対応するよう命じている部分もあり、境目の百姓たちを如何に手なずけるか、苦労している様子が窺われる。

こうした百姓たちの行動は、田方郡だけの話ではなかった。これまでみてきた通り、境目においては、対立する大名のどちらに付くのが自分たちにとって有利なのか、百姓は村などの共同体単位でつねに情報収集をおこないつつ天秤にかけており、敵対する側に付いたり、移り住んだりすることも可能だった。

したがって、大名側としてはこうした百姓の行動を織り込んで対処する必要があった。先にみた命令書の内容を北条氏が領主たちに履行するよう厳重に命じたところで、果たして実態として百姓の行動を規制できたのかどうか、それさえあやしいところである。

## 4　境目の城と街道整備

天正十年（一五八二）六月二日、織田信長が明智光秀によって討たれた。当時、信濃から越後へ侵攻していた信長家臣の森長可《もりながよし》は、この情報が入ると自身の拠点である美濃（岐阜県）へ急ぎ撤退した。

危機から一転、越後の上杉景勝は、その間隙をついて信濃北部の領主たちへ所領を安堵する旨の書状を発給し、彼等を手なずけようと動いた。

一方、信長から筑摩・安曇両郡を宛行われていた木曽郡の領主木曽義昌は、六月下旬、深志《ふかし》（長野県松本市）に在陣していた。

景勝は木曽氏のもとへ使者を派遣した。その目的は不明だが、使者が深志から越後へ帰国する際、道中の様子について「信濃北部の者たちは皆小屋上がりしており、地域一帯が混乱している状況だ」と伝えている。

「小屋上がり」はこれまでも何度か出てきたが、有事の際、百姓たちが山奥に造っておいた小屋へ避難することをいう。小屋といってもさまざまな形態があり、城のように堀や土塁を

長沼城跡碑

めぐらしたものは、被支配者側の主導によって造られ・使用されたことから「村の城」とも呼ばれる。

　森長可の軍勢が撤退したあとも、北信濃の人びとは治安に不安を抱いていたのだろう。彼らは山小屋に留まって、誰がこの地域を治めることになるのか、じっと見守っていたのかもしれない。

　その後、上杉氏が北信濃に勢力を広げ、翌天正十一年三月には本拠春日山と北信濃の拠点となる長沼城（長野市）を結ぶ街道を整備していた。

　景勝家臣の岩井《いわい》信能《のぶよし》・黒金《くろがね》景信《かげのぶ》は同月十三日に古間《ふるま》村（長野県信濃町）へ三か条の通知を発した。①伝馬《てんま》宿送《しゅくおくり》（街道に設置された宿場の間を、馬で人や物資

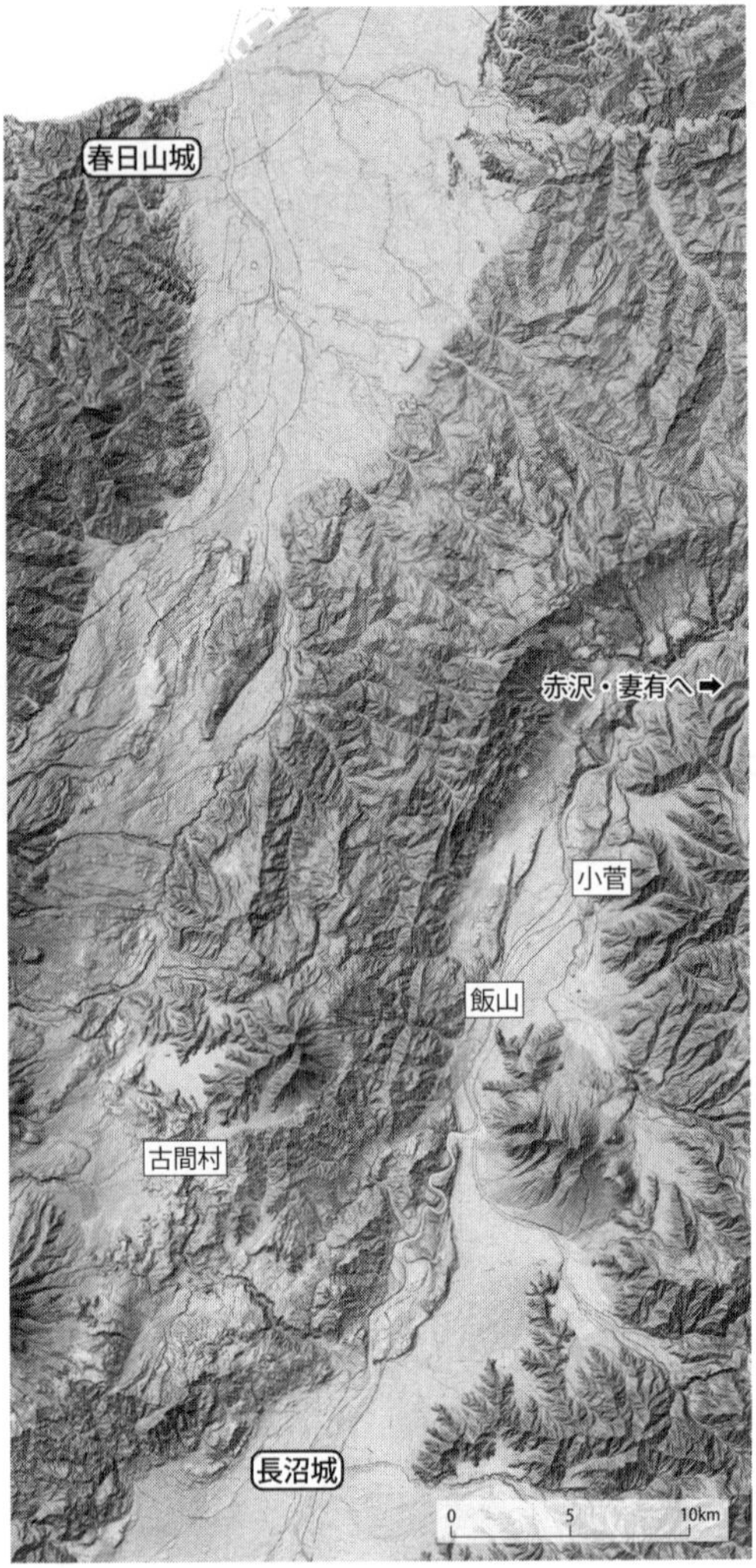


長沼城・信濃北部地域図

の運搬をする役割）を免除する、②普請人足《ふしんにんそく》の徴収を免除する、③借物の返済期限を秋まで延ばすことを許可する、といった内容だった。

古間村は、伝馬宿送や街道整備の際に必要な労働者の徴収を免除され、さらに借りた金銭や物品などの返済期限延長など、優遇措置を受けることとなった。

では、なぜ上杉氏は古間村に対してこのような措置を講じたのであろうか。そのヒントが三か条の後ろに書かれた文章にある。

この三つの条件を承知するならば、地域から避難した者たちを元の住居に帰らせること。それに加えて、色々と異議を申したてる者がいたならば、捕縛して春日山へ報告すること。〔長野県信濃町「古間区有文書」・『上』二六九四〕

先にみたように信濃北部は治安が不安定だったため、依然として住人たちは「小屋上がり」しており、元の住居に戻っていなかった。そうした状況下で、普請人足の徴収や伝馬宿送の負担を課されることになれば、村には戻らず、そのまま他所へ移住してしまう恐れすらあった。

もし住人不在の事態に陥れば、上杉氏にとって非常に大きな問題が生じることになる。街道沿いに宿《しゅく》が一定の間隔で設置されていないと、伝馬制自体が機能しないからである。もし古間村を伝馬宿として機能させようとするならば、すみやかに村人を元通りに住まわせる必要があった。この時の上杉氏の政策は成功したようで、古間村はこのあと北国脇往還の伝馬宿、坂中通の宿場として発展していった。

宿を設置するために人を住まわせる政策は、武田勝頼《かつより》も信濃北部でおこなっていた。先の上杉氏の事例から遡ること四年、武田氏が北信濃を掌握していた天正七年（一五七九）のことである。越後では上杉景勝と景虎が謙信死去による跡目相続争い（御館の乱）を繰り広げていた。

武田勝頼は、景勝方の援軍として市川信房《のぶふさ》らを飯山（長野県飯山市）から妻有（新潟県十日町市周辺域）まで派遣していた。市川氏は信濃小菅《こすげ》（飯山市）と越後赤沢《あかさわ》（新潟県津南町）との間を往復できるようにするため、街道筋の要所に人を居住させたいと武田氏へ願い出ていた。勝頼は許可を出すとともに、「非常識な乱暴行為を企てる者がいたならば市川氏が処罰してよい」というお墨付きまで与え、居住する者の安全を保障し、新規の居住を促していたのである。

また、同じ御館の乱の最中、勝頼の弟である仁科盛信《もりのぶ》は、上杉氏との境目である大網郷《おあみ》（小谷村）の者たちに対して「以前のように、今秋から大網へ戻ってきた者には、向こう三年間の様々な租税を免除する」という朱印状を出している。

当時、盛信は信濃国安曇郡の統轄者として、天正五年（一五七七）頃から越後国へ侵攻する準備を進めていた。翌六年九月初旬、小谷から越後へ入ったところにある根知城《ねち》（糸魚川市）の城将赤見小六郎《あかみころくろう》が武田氏への忠節を誓い、同城とその周辺域が武田方に渡った。となれば、盛信は小谷から根知城までの道を整備し、前述したように道中の要所に人を住まわせる必要があった。大網郷は信濃・越後の国境に位置していたことから、宿や関所などを設置するのには適した場所であり、三年間の租税免除をおこなってでも住人たちに戻って来てほしかったのである（三二頁「千国道筋地域図」参照）。

ところで、大網郷には当時、大網宗兵衛《そうひょうえ》という者が居住しており、天正十年に武田氏が滅亡した際、安曇郡へ侵攻した木曽義昌はいち早く彼に対して「信玄・勝頼両代の時と変わらず扶持する」と約束し、義昌への奉公を促している。

したがって、天正六年の時点においても、大網宗兵衛は大網郷周辺域を本領とする地侍として武田氏に従属していた可能性が高い。しかし、先ほどの盛信朱印状の宛先は「大網之郷中」となっていた。ただ単に、大網の者たちを元の場所に住まわせることを目的としていたならば、大網宗兵衛へ宛てて朱印状を発給したほうが話は早いと思うのだが、なぜそうしなかったのだろうか。

考えられる理由としては、山へ避難していた郷中の者たちが元の住居へ戻る条件として、向こう三年間の租税免除を仁科側に提示し、直接交渉した結果、朱印状が出されたのではないか。つまり、郷中側から提示した条件を仁科側が受け入れた形となるが、根知城への人や物資の輸送ルート構築を急ぐ仁科氏からすれば、先にみた程度の条件はのまざるを得なかったであろう。

以上のように、大名は境目の城への街道整備をおこなうにあたり、宿駅の設置など住人たちの協力が必要不可欠だった。そのため安全保障や租税免除などの優遇措置を講じて、元の住居に戻ること、さらには移住を促していたのである。

第Ⅰ部では、戦国期境目の社会について様々な視点からみてきた。住んでいる場所が戦場となれば、境目であろうがなかろうが放火や略奪が横行する無法地帯となることは、今も昔も変わらない。だからといって、いつ戦場となるやもしれない境目から人の姿がまったく消えてしまうことはなかった。それはなぜであろうか。

半手の住人たちや商人が大名の勢力圏を跨いで活動し、境目において市が立つ様子をみると、やはり経済的な理由が大きいのではないか。住人たちの生活圏は経済圏とも重なってくるであろうし、商人の場合はそうした経済圏を跨いで活動することに商機を見出す場合も多かっただろう。一方で、敵方に関する情報を大名へ流すことで情報料を得るなど、大名間の緊張状態を逆手に利用する者たちも存在した。

大名側も境目領主を如何に手なずけ、味方に引き入れるか、様々な手段を講じていた。また、平時においても境目の住人の協力を仰がなければならないことが多く、税の免除など様々な優遇措置を講じて人を集めていた様子も度々出てきた。

こうして、境目に多くの人びとが住み着いていたわけで、境目だからといってつねに軍事的緊張状態が続き、人びとが逃げ惑っていたわけではなかった。

第II部

# 戦国大名のはざまで生き抜いた領主たち

# 第一章　国境の管轄者

## 1　上杉軍の「越山」

本章の主役は、第Ⅰ部で荒砥《あらと》関所の管轄者として登場した栗林《くりばやし》治部少輔《じぶのしょう》の養父栗林次郎左《じろうさ》衛門尉《えもんのじょう》である。彼の主な活動エリアは、本拠である越後上田荘《うえだのしょう》（新潟県南魚沼市・湯沢町周辺域）と上野沼田（群馬県沼田市）を結んだ国境地域で、大名間の境目となることもしばしばあった（三一頁「沼田・上田荘地域図」参照）。そこで、栗林氏の動向を追いながら、同地域の住人と大名との複雑な関係性についてみていきたい。さらに、上田荘を本拠とする地侍《じざむらい》集団である上田衆の面々にも登場してもらい、彼らと上杉謙信《けんしん》、栗林氏との関係についても触れることとしたい。

越後の大名上杉謙信は、上野との国境の山々を越えて関東へ度々侵攻した。謙信が発給した文書も含め、当時の史料では関東へ入ることを「越山」と書き記している（越山については四七頁参照）。越山する際の主なルートは二つあった。ひとつは三国峠《みくに》を越えるルートで、現代では国道一七号が通っているが、当時も似たような道筋が存在した。

もうひとつのルートは清水峠《しみず》を越えるもので、こちらのほうは現在、険しい山々に阻まれ、自動車が通る道としては開通していない。新潟県側は清水集落（南魚沼市）あたりまで、群馬県側は天神平スキー場へ行く際に乗る谷川岳ロープウェイのベース駅（みなかみ町）あたりまでで車道（国道二九一号）は行き止まりとなっている。

三国峠越えと清水峠越えの両ルートを比較すると、距離的には清水峠越えルートのほうが短いのだが、おそらく当時も難所が続く険しい山道だったと思われ、一般的には三国峠越えが利用されていたであろう。両ルートの越後側における合流地点が六日町《むいかまち》（南魚沼市）で、そこに坂戸城《さかど》があった。同城を政治的中心とした地域が上田荘と呼ばれていたところで、戦国期以前から長尾氏が勢力を張っていた。

越後国守護上杉氏を補佐する守護代家《しゅごだいけ》である長尾氏は、国内各地に一族を扶植し、上田荘を拠点とする上田長尾《うえだながお》氏もそのひとつである。ちなみに謙信も元々は長尾景虎《かげとら》と名乗っていたことからわかるように、長尾氏（府中長尾氏）の出自をもつ。

上田長尾氏の当主が政景《まさかげ》の時代、謙信と対立して戦闘にまで及んだ。しかし、天文二十年（一五五一）八月頃、政景は降伏して謙信配下となった。その後、彼は謙信を補佐する重要なポストについたのだが、永禄七年（一五六四）七月初旬に急死した。その原因は謎につつまれている。

栗林次郎左衛門尉は政景死去後の混乱するなか、上田衆を束ねる軍事指揮者のひとりとして謙信に抜擢された。しかし、彼の立場はあくまで上田長尾氏率いる上田衆の一員であり、謙信直属の指揮官ではなかった。

栗林氏の活動において注目すべきは、上・越国境地域の管轄者としての役割である。永禄九年（一五六六）のものと推定される謙信からの書状で「猿ヶ京《さるがきょう》（群馬県みなかみ町）近辺の人質を沼田から上田荘内へ移し、栗林の許で預かっておくように」「浅貝《あさがい》（新潟県湯沢町）に城を造り、上田荘から沼田まで往復できるように」と命じられている。浅貝は三国峠から越後側へ下った苗場《なえば》の近くで、現在も遺構が残る。このような指示を受けているということは、栗林氏が上田荘から沼田までの上・越国境地域を管轄していたためであろう。

しかし、同地域は元々上田長尾氏の管轄だった。北条氏に平井《ひらい》城（群馬県藤岡市）を追われ、謙信を頼って越後へ逃れた関東管領《かんとうかんれい》上杉憲政《のりまさ》は、再び関東へ入るための準備として、天文二十一年（一五五二）五月、長尾政景に「山中路次」の整備を命じている。当時は国境の山岳地帯が越後上杉氏の境目であり、政景が同地域を維持・管理していたことになる。

その後、永禄七年（一五六四）三月にも越山時の道路整備について政景は謙信から賞されている。したがって、栗林氏は上田長尾氏が担っていた国境地域の管轄を引き継ぎ、それと同時期に上田衆の軍事指揮権も与えられたことになる。

元亀二年（一五七一）五月二十八日、浅貝の城が完成したことで謙信は栗林氏宛に書状を出した。

沼田の加勢として、その場に詰めながら浅貝城を完成させたこと、その上「軍役」のほかに五十人余りの「足軽」を配置したことについて、「喜平次者《きへいじもの》」どものいつもの苦労には強く感じ入っている。この事は「傍輩《ほうばい》」どもへ告げ知らせるように。

追而、その地の城衆は常々身勝手であるため、用心を怠って凶事でも起これば敵・味方の評判となり、いまいましいことになろう。堅く用心するよう命じるように。

〔栗林文書・『上』一〇五〇〕

「軍役」とは主君に対して負う軍事上の負担のことで、知行地の付与に対する様々な負担のうちのひとつである。負担の規模は知行高によって定められ、武器・兵などを出すことになる。

また、「足軽」については様々な見解があるが、ここでは非正規の兵、つまり傭兵のことを指していると考えられる。だからこそ足軽を集めてきたことについて、謙信はわざわざ「喜平次（上田長尾氏である景勝《かげかつ》の通称）者」たち、つまり上田衆の者たちの労をねぎらっているのである。そして、謙信はそのねぎらいの言葉を栗林氏の「傍輩」たち（＝上田衆の同僚たち）へ告げ知らせるようにとしている。

栗林氏らが足軽を動員した理由のひとつとして、軍役衆自体が人員不足となっていた可能性がある。上田荘において軍役を拒否する者が多かったことは確かであり、この件については後述したい。

ところで、追伸の部分で謙信は、浅貝の城衆は常々身勝手であるため、堅く用心を命じるよう栗林氏へ伝えている。元々は境目であった国境地域に住む人びとの統制の難しさを謙信はよく認識していた。

以上のように、国境地域の管轄者となった栗林氏は浅貝に築城し、上杉軍の関東への越山が円滑におこなわれるよう活動していたのである。

もう一点、栗林氏の仕事として注目すべき事例がある。浅貝の城が完成する約ひと月前、五月二日に謙信から大石芳綱《よしつな》と栗林氏の二人へ宛てられた書状にそのことがみえる。

内容は、前線拠点の厩橋城《まやばし》（群馬県前橋市）から南方約五キロに位置する山鳥原《やまどりはら》（同高崎市）の住人たちに関する問題だった。同地は武田方の城である和田城（同市）や倉賀野城《くらがの》（同市）に

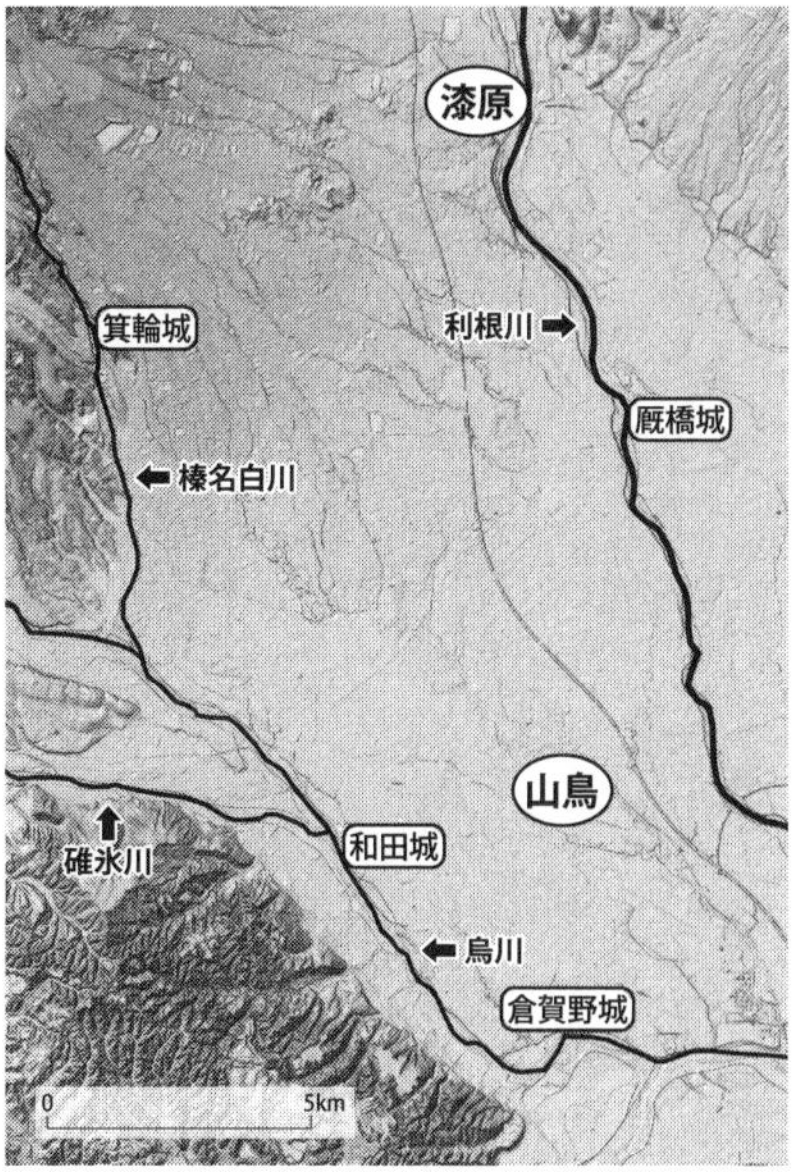

厩橋城周辺図（川の流路は現在のもの）

より近い場所であり、まさに境目の地だった。

謙信は、山鳥原の住人たちが「武田方へ人質として取られてしまった妻子を取り戻して欲しい」と言ってきた場合、どのように対処すべきかを事細かに二人へ指示している。

まず、「厩橋城には連絡を入れずに、沼田城在番衆の河田重親《かわだしげちか》に命じ、武田方との仲介に入って引き取るように」としたあと、「もし、河田に武田方への手筋がない場合、大石が小中彦兵衛《こなかひこひょうえ》と相談し引き取るように」としている。

河田・小中両氏は当時、沼田城に在番していた。河田重親は永禄二年（一五五九）から同九年の間に近江国（滋賀県）から越後へ来て謙信家臣となり、沼田城に配置された。彼が上野国へ来てから五年ほど経ってはいたものの、交渉役として武田方と連絡がとれる「手筋」（人脈）があるのか、謙信は不安視していたようである。そのため、河田に手筋がない場合を想定して大石氏へ指示を出していた。

大石芳綱は、関東管領上杉憲政の家臣大石綱資《つなすけ》の三男で、憲政が北条氏の攻撃を逃れるため、平井城から越後へ避難した際、父とともに同行していた。その後、永禄十二年（一五六九）から翌年四月にかけて、彼は上杉氏と北条氏との同盟（越相同盟《えっそうどうめい》）交渉に従事し、同盟締結後も北条氏の本拠である小田原へ使者として派遣されるなど、上杉氏の関東における外交担当者として重要な役割を果たしていた。河田が「手筋」をもっていない場合は、上野国と深いつながりをもつ大石に沼田在番衆である小中をつけ、大石の人脈によって武田方との連絡を取るように謙信は命じたのだった。

書状の内容に戻ると、「万一、上杉方の使者が武田方に拘留されてしまっては、ばかばかしいので、栗林が人質の引き渡しを差配し、山鳥原の者一人を小中の使者に添え、武田方が人質を返さないと言ってきた場合は、妻子を取られた者たちを上田荘内へ引き取り、浅貝には置かないように」と、この部分には栗林氏への指令が書かれている。①人質の引き渡しの差配、②人質が戻ってこなかった場合の後処理、という二つの任務を栗林氏に課したのである。

大石氏が人質返還交渉の責任者で外交の「顔」だとすると、栗林氏は大石氏の下で現地に赴く実行部隊の統轄者といった感じだろうか。栗林氏は武田方への使者を護衛するために上田衆の一部を引き連れ、実際に境目へ出向いたのだろう。

書状の最後に謙信は、河田や大石を通す公的なルートではなく、私的なルートによる人質返還の仲介をすることに対して懸念を示している。だが「栗林が武田方から人質を請け戻すのは差し支えない」としており、栗林氏に限って私的な人質返還の仲介者として差配することが許されている。したがって、彼はある程度の交渉権限をもっていたものと考えられ、その交渉がうまくいかなかった場合、山鳥原の住人たちを上田荘へ引き取るよう指示を受けていた。

山鳥原の住人たちに対してこれだけ謙信が気を遣っていたのは、境目の住人を味方につけることが如何に大変だったかということの裏返しであり、謙信の苦心の跡がうかがえる事例といえよう。

栗林氏が人質の返還交渉に従事した年から五年後、謙信が彼をどのように認識していたのかがわかる栗林氏宛の書状が残されている。そこには、関東口の「人留《ひとどめ》」（通行規制）を皆で相談して厳しくおこなうよう謙信の指示が書かれており、さらに続けて「栗林は案内者であるから人留のことは任せる」としている。

つまり、栗林氏は上・越国境地域の地理や情勢に詳しい「案内者」であり、国境地域での差配を任せるほど謙信は彼を信頼していたのだが、こうした認識をいつ頃からもっていたのかはわからない。いずれにせよ、栗林氏は謙信の関東進出において、戦略上重要な役割を担っていたのである。

## 2　上田荘の人びと

### (1)長尾政景死去後の上田荘

本節では、上田長尾氏当主政景が謎の死を遂げたあとの上田荘地域についてみていく。注目する史料は、永禄七年(一五六四)から同十一年の間に書かれたものと推定される九月十八日付 泉沢久秀《いずみさわひさひで》宛の上村尚秀《かみむらなおひで》書状である。両者ともに上田荘出身であり、差出人の上村氏はこの時も上田荘に滞在していた。

宛先となっている泉沢氏は、早い時期から政景の息子である景勝に仕えて知行を与えられていた。上村氏は書状の最後で「この内容を景勝へ披露してくれるよう」泉沢氏に依頼している。つまり、泉沢氏は景勝のいる春日山《かすがやま》(新潟県上越市)に滞在していたのである。

かなり長文の書状なので、出陣の様子が描かれている前半部分にスポットを当ててみていきたい。

最初に大井田藤七郎《おおいだとうしちろう》が上田荘へ到着したことが書かれており、翌日、大井田氏に加えて長尾伊勢守《いせのかみ》・栗林次郎左衛門尉が沼田へ向けて出発し、それに続いて荘内の者たちが出陣して

樺沢城から望む上田荘

いく状況が説明されている。政景死去後は、この三人が上田衆を統轄していた。

　詳しく内容をみていくと、冒頭で「大井田藤七郎殿」の「御越山」の件について書かれている。大井田藤七郎景国《かげくに》は、永禄七年に亡くなった上田長尾氏当主政景の弟である。そのため、名前には「殿」がつけられ、「御」越山と丁寧な表現を上村氏は用いている。ちなみに長尾伊勢守も「殿」がつけられているが、栗林氏は呼び捨てとなっており、上村氏の三人に対する身分秩序観がはっきりと表れている。

　大井田氏についてもう少し言及すると、時を少し遡った弘治三年（一五五七）

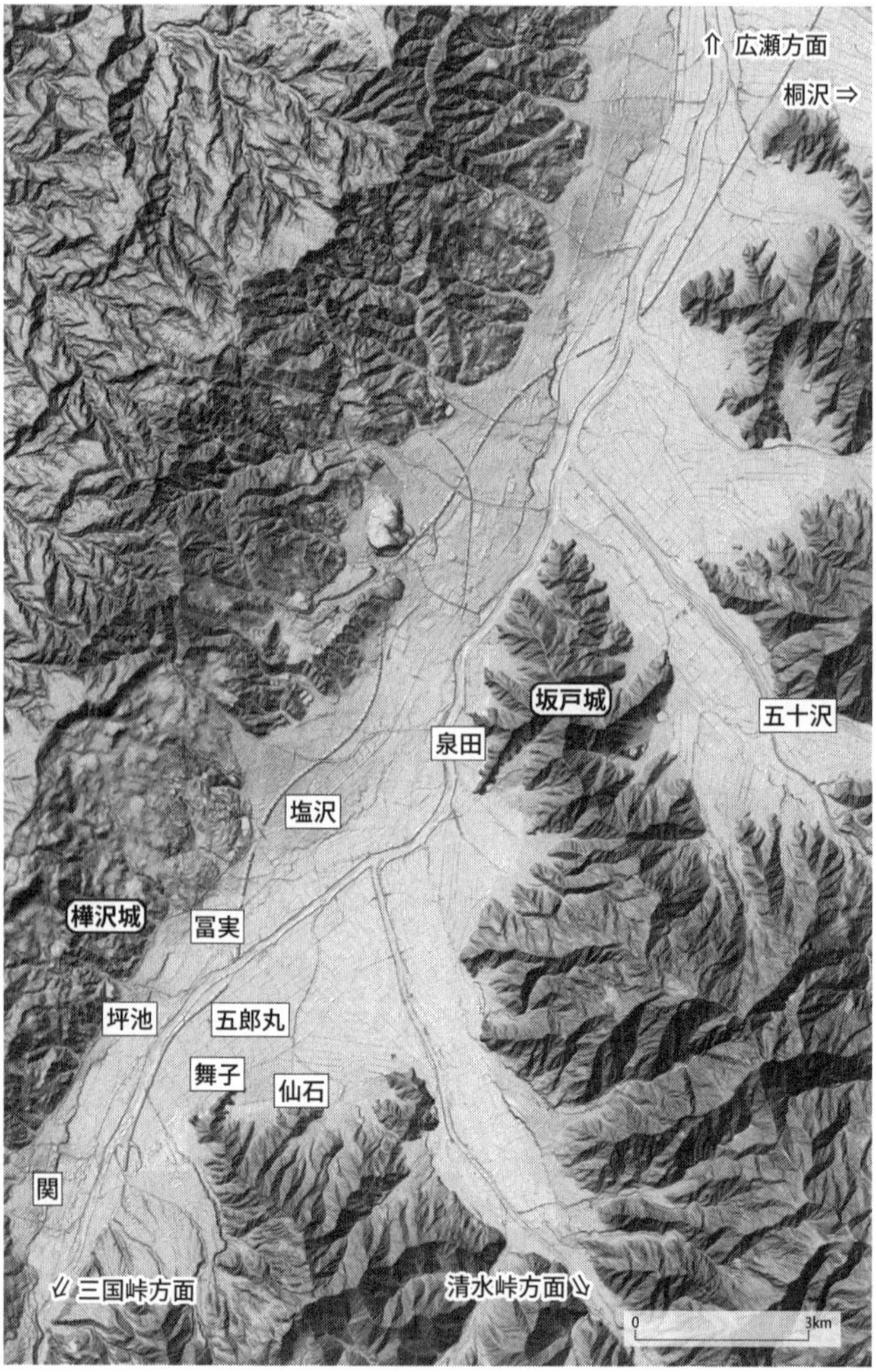


上田荘主要部地図

三月二十三日付長尾政景宛の謙信書状のなかで、「大井田が内容の詳細を（政景に）伝える」と書かれている。おそらく、彼は天文二十年（一五五一）の謙信・政景和睦以降、人質として春日山へ入り、政景が謙信から信頼されるようになってからは、両者の間を取次ぐ役割を果たしていたのだろう。そして今回、政景亡きあと、大井田氏が上田衆の陣頭指揮をとるため春日山から派遣されたのである。

統轄者のもうひとり、長尾伊勢守は永禄五年（一五六二）三月、謙信の命によって京都の将軍家へ使者として派遣されていることから、詳細は不明であるものの、長尾氏一門の者として謙信に重用されていたようである。

書状内容に話を戻すと、大井田氏は九月十五日未《ひつじ》の刻（午後二時前後）に上田荘関《せき》郷に到着した。関は現在のJR上越線石打《いしうち》駅付近で、江戸時代には三国街道の宿場だった。当時も上田荘の中心的な町場のひとつだったと考えられる。

上村氏は二日前の十三日早朝から荘内の各地域に沼田出陣の触れを出して回っていた。しかし、色々言い訳をして命令に従わない者が多く、上村氏は様々な道理をもって説得していた。

そんななかで大井田・長尾・栗林の三氏は十六日に関を出発し、沼田へ向かった。しかし、上田荘の者たちの士気は低かったようで、三人に御供したのは馬場衆・千（仙）石・五郎丸・坪池・

舞子・冨実・関衆だけだった。このように村名で呼ばれていることから考えると、上田衆は村単位で組織されていたのだろう。

その後、上村氏は坂戸城東側の五十沢《いかさわ》方面へ向い、楠川方・桐沢・内田なども同日中に出陣している。

翌十七日には泉田・広瀬衆が出陣、続けて「石白《いしじろ》（湯沢町）もおそらくもうすぐ出発するだろうか」とかなりあいまいな表現で記している。それが当時の上田衆の出陣風景だった。

上村氏は今回の出陣について「急なことであったため人数をそろえることができなかった」と弁解し、「私たちが申し上げた所からも人員を徴発できず、出陣の人数をそろえられなかったため、大井田殿からご報告があるだろう」「さらに十七・十八日にも村々を回って、人員を調達できるか点検させる」としている。

以上、上田荘の上村氏が景勝の元にいる泉沢氏へ送った書状の一部をみてきた。急な出陣命令だったためと上村氏は言い訳しているものの、上田荘では軍役を拒否するものが多く見受けられ、統制があまりとれていない状況だったことが窺える。

### (2) 上田衆における栗林氏の立場

その後、永禄十一年（一五六八）十月、謙信は栗林次郎左衛門尉一人へ宛てて上田衆への出陣命令を出しており、以降、大井田・長尾両氏に上田衆への指示は出されていない。つまり、栗林氏が単独で上田衆の軍事指揮者になったようなのだが、実のところ、彼の立場は非常に複雑なものだった。

右の出陣命令を発した書状のなかで、謙信は「三《さん》ヶ津《がつ》（新潟市）へ傍輩たちを引き連れて出陣するように」と命じている。「傍輩」とは、先にも述べたように、同じ主君に仕える同僚・同役といった意味で、上田衆の部隊を率いる者たちを指している。ここで言う主君は、政景亡きあと上田長尾氏の名目上の当主である景勝（当時十二歳で謙信の元にいた）のことである。したがって、栗林氏は依然として上田長尾氏を頂点とした上田衆という組織の一員であり、上田衆のトップに立っていたわけではなかった。だからこそ謙信は「傍輩」という言葉を使用していたのである。

しかし、これでは栗林氏の指示に従わない者たちが多く出てくることも想定できよう。そのため、書状の最後には「もし一人でも軍役を拒否するものがいたならば、厳重に折檻しても構わない」として、謙信は彼に上田衆に対する成敗権を与えたのだった。

謙信はこの時、栗林氏の「傍輩」中における権限を明確化したことになる。身分的には栗林氏と同等の上田衆のメンバーで、なおかつ上田長尾氏を求心力とする「傍輩」たちからすれば、謙信が課す軍役に従う責務はないという認識だったとも考えられよう。

先にみた上田衆のなんともゆるい出陣風景は、長尾政景死去後、上田衆の内部で謙信の命に従う者たちと、あくまで上田長尾氏を主人と仰ぐ者たちとに分裂し、それが軍役拒否の形となって表れていたのではないか。もちろん、上野国内において他大名との緊張状態が続いていたため、上田衆に「出陣」の負担が過剰にのしかかっていたことも軍役拒否要因のひとつであろう。

それから四年後の元亀三年（一五七二）七月二十三日、成長した景勝を上田衆のもとへ送り出した謙信は、栗林氏に対して「北条氏が上野へ攻めて来るようなので、地下人《じげにん》（百姓など一般庶民）たちであってもかまわないから、多くの人数を引き連れて沼田へ出陣し、沼田城の者たちと相談して、早々に厩橋城を援護するよう」命じている。そして最後に「傍輩の中で軍役を拒否する者がいたならば、その者たちの名前を書き記して（謙信へ）報告するように」と述べている。

さらに八月十日、再び栗林氏へ送った書状では「傍輩たちの中で軍役を拒否する者がいたならば、名前を書き記して報告するように。喜平次（景勝）に申し付けて、折檻をおこなうようにする」と表現が変化している。本書状では、軍役拒否者は謙信へ報告されたあと、景勝へ命じて「折檻」がおこなわれるとされている。したがって、景勝の成長により成敗権は、景勝が直接担うように変更され、栗林氏には謙信への報告義務だけが残ったと考えられる。

しかし、その後も栗林氏は上田衆の軍事指揮者として、謙信から度々指令を受けている。対して景勝は元亀四年（一五七三）正月、栗林氏と共に越中に在陣していたことが確認できるものの、上田衆へ出陣命令が下されたそのほかの栗林氏宛書状には名がみえず、景勝が上田衆に対する軍事指揮権をもっていた様子は見受けられない。

一方で、天正三年（一五七五）二月、謙信側近の吉江資堅《よしえすけかた》宛に景勝は自身の軍役負担量について報告している。また、上田衆のなかで戦功をあげた者を賞する「感状」は景勝の名前で出されていることから、景勝を頂点とした上田衆の体制に変化はなかった。こうした上田衆における景勝と栗林氏との関係は、どのように捉えればよいのだろうか。

元亀二年二月、栗林氏へ宛てた書状のなかで、謙信は「北条氏康《うじやす》へ宛てた書状を飛脚に託して小田原へ届けさせること」「栗林が（北条氏への取次役《とりつぎ》である）遠山康光《とおやまやすみつ》宛の副状《そえじょう》を書くよう」命じている。さらに、栗林氏が書く遠山氏宛の書状の内容についても謙信は触れており、そのなかで「栗林は「長尾喜平次代」として沼田へ上田衆を率いてきた」と書くよう指示している。つまり、栗林氏は景勝の代理として上田衆の軍事指揮者の立場を担っていたことがわかる。

では、なぜ謙信はここまでして上田長尾氏―上田衆という体制を崩さず、なおかつ栗林氏を上田衆の軍事指揮者として据え続けていたのか。

理由は二つある。ひとつは栗林氏の上・越国境の管轄者という立場にある。国境周辺域では、両国にまたがって地侍層から百姓レベルに至るまで複雑な関係性が維持されていた。そうした人間関係・共同体のネットワークや山間部の地理を熟知していた栗林氏だからこそ、両国を結ぶ交通路の整備や築城など、上杉氏の越山を安全におこなうための役割を果たすことができたのである。それによって彼は存在感を高めるとともに、軍事・外交など様々な面において重要な位置を占めるに至った。時期は不明だが、栗林氏は上杉氏の直轄領における財政出納などの権限をもつ郡司職《ぐんじしき》までも与えられていたことが確認できる（第I部第一章4節参照）。

二つ目は、上田衆の意向にある。彼らにとって大将はあくまで上田長尾氏当主であり謙信にあらず、ましてや栗林氏ではない。それは先にみた上村氏の書状のなかにも表れていた。政景死去後も上田衆における上田長尾氏の影響力は依然として大きかったため、謙信は栗林氏を上田衆の一員としておき、パイプ役として利用することではじめて上田衆を動かすことができたのである。もし、謙信直属の家臣として栗林氏を取り立てたならば（取り立てようとしていたのか、そのつもりがなかったのかは不明だが）、パイプ役の不在によって、上田衆の制御が不能となる可能性もあった。

繰り返しになるが、栗林氏をパイプ役として据えたあとも、上田衆を上野へ滞りなく出陣させることは困難を極めた。その要因としては、度重なる上野への出兵による疲弊もあろうが、謙信が景勝を養子としたものの、上田衆の者たちからすれば上杉氏の軍役を負う義務はないという認識が根強く、衆全体の統制がうまくとれなかった点も大きな要因だったといえよう。

# 第二章「根利通」をめぐる領主たちの攻防

## 1　上杉謙信期の小川可遊斎

さて、本章では上野国沼田（群馬県沼田市）へ舞台を移し、上杉謙信《けんしん》の時代に境目領主として活動していた者たちにスポットを当ててみていくことにしたい。

戦国期以前より沼田城を本拠として周辺一帯を治めていた沼田氏は、永禄元年（一五五八）、いわゆるお家騒動に見舞われた。江戸時代に書かれた軍記「加沢記《かざわき》」（第I部第一章参照）によれば、前の当主だった沼田顕泰《あきやす》と、その家督を継いだ三男朝憲《とものり》との間で政治的対立があり、顕泰が朝憲を殺害してしまうという最悪の事態を迎えた。混乱のなか、朝憲の妻の実家だった厩橋《まやばし》長野氏が沼田へ派兵し、朝憲派の沼田衆とともに顕泰を攻撃した。川場《かわば》（群馬県川場村）において合戦となったものの、多勢に無勢で顕泰とその末子平八郎《へいはちろう》は会津の蘆名《あしな》氏を頼って逃げ落ち、最終的に上杉謙信のもとへ身を寄せた。

この合戦によって沼田城主が不在となってしまったわけだが、勢力を上野国内にまで伸ばしていた北条氏康《うじやす》は、一族の北条康元《やすもと》を沼田へ送り込み、同地域を支配下に置くことに成功した。

しかし永禄三年（一五六〇）、北条氏によって上野を追われ、越後へ逃れていた関東管領《かんとうかんれい》上杉憲政《のりまさ》を奉じて上杉謙信が越山してきた。関東への玄関口にあたる沼田城は真っ先に上杉軍の攻撃を受け、康元をはじめとした北条勢は一掃された。謙信は自身のもとに身を寄せていた沼田顕泰を再び入城させるとともに自分の家臣も配置し、沼田地域を支配下に置いた。

ここで注目したいのが小川可遊斎《かゆうさい》という人物である。彼の出自については「加沢記」に記述がみられる。該当部分を要約すると以下のようになる。

小川河内守秀康《かわちのかみひでやす》（岡林斎《こうりんさい》）の実子彦四郎《ひこしろう》が火災によって死去した後、小川の家を継ぐ子がなく、秀康の母と妻とを家人《けにん》共が支えて所領を知行してきた。近ごろまでは小川の一門である北能登守《きたのとのかみ》、南将監《みなみしょうげん》の両人が大将のようにみえたが、最近上方牢人《ろうにん》の赤松孫五郎《まごごろう》という文武に達した者が来て、評定《ひょうじょう》があるたびに孫五郎の意見が通るようになり、自ら大将のように振舞っていた。彼はのちに入道して小川可遊斎と名乗った。永禄三年八月、沼田を行軍中だった上杉謙信がその話を聞いた。可遊斎が上方侍だということで、京方のことを尋ねるには宜しく吉事であるとし、中国地方の名族である赤松殿の一族であろうとも考えた。そこで謙信は可遊斎を召し出し、彼に小川の名跡《みょうせき》と褒美を与えた。

［「加沢記」『沼田市史』資料編1別冊］

ざっとこのようなことが書かれている。どこまでが真実なのか判断し難いところだが、ほかにも可遊斎が近江国の出身である可能性を示す史料が複数残されている。

たとえば、上杉謙信が二度目の上洛を果たした永禄二年（一五五九）、近江国において岩鶴《いわつる》丸《まる》（河田長親《ながちか》）を見出して家臣に取り立てた際、可遊斎がともに越後へ来たことが河田氏の系図に書かれている。

おそらく、永禄三年に関東へ越山し、沼田城を攻略した謙信は、沼田氏の親類筋にあたる小川氏の本拠小川城（群馬県みなかみ町）に可遊斎を送り込み、同氏の名跡を継がせたのではないか。

ここで小川城について説明しておこう。沼田盆地の中心沼田城から北西へ約七キロメートル、利根川と赤谷《あかや》川との合流点北方、両河川に挟まれた河岸段丘上に位置する。ちょうど、沼田と越後国上田荘《うえだのしょう》とを結ぶ街道が両河川に沿って二本通っており、その分岐点にもなっている。街道のひとつは沼田から利根川に沿ってまっすぐに北へ向かう清水《しみず》峠越えルートである。

小川城空堀

もうひとつは沼田から赤谷川沿いに行く三国《みくに》峠越えルートで、両街道は上田荘の中心である坂戸《さかど》城（新潟県南魚沼市）のほど近くで再び合流する（三二頁「沼田・上田荘地域図」参照）。

また、小川城付近には利根川の渡河点があり、同城の対岸にある地名「後《ご》閑《かん》」の名がつく「後閑橋」も史料上にみえる。

このような場所に位置した小川城は、上杉氏にとって対北条氏の最前線拠点であった厩橋《まやばし》城（前橋市）や唐沢山《からさわやま》城（栃木県佐野市）へ物資等を輸送するうえで、いわば中継基地的役割を果たしていたことが想定できる。

永禄十年（一五六七）三月七日、可遊

斎は謙信から「過所《かしょ》」とよばれる通行手形を与えられた。

越後から毎月十五疋分の荷物を可遊斎は受け取る。移動の際には関所や渡し場を間違いなく通行させせよ。［市立米沢図書館所蔵・『上』五五三］

当時、川の渡し場も道の関所と同様、通行税を徴収する場所としてよく利用されていた。もちろん、当時は通行する者のチェックもおこなっていただろう。過所を関所・渡し場において提示することで、上杉氏の勢力圏内という限定付きながらも可遊斎は自由に通行できた。

また、過所に使用されている上杉氏の朱印の種類から推定すると、可遊斎が受け取った荷物は、最前線の拠点のひとつである唐沢山城へと運ばれた可能性が高い。つまり、可遊斎は越後―佐野間の物資輸送を担っていたのであり、このことは先にみた小川城の立地からも納得できよう。

関東における上杉氏の拠点として唐沢山城はとりわけ重要な城だった。上野国内の領主たちと比較して、常陸国の佐竹氏をはじめとする関東の東部地域、つまり常陸・下野方面の領主たちは、謙信の軍勢催促に対して容易に応じなかった。そのため彼らを牽制する意味においても、佐野に拠点を構える必要があったのである。

しかし、城主の佐野氏は、北条氏からの圧力を受けていたこともあって離反を繰り返し、その都度謙信は唐沢山城へ向けて出陣することとなった。

一方、勢力下におさめていた上野国内においても、謙信を共通の敵として連携していた武田・北条両氏によって、有力な領主たちが次々と切り崩され、離反していった。謙信は関東進出以降、こうした状況への対応を迫られ続けた。

沼田領を直轄化した謙信は、永禄五年（一五六二）に岩鶴丸こと河田長親を沼田城へ入れた。おそらくこの時期に沼田顕泰は城主から外されて隠居、または死去したものと思われる。その後、河田氏が越後へ戻ると、複数の城将を沼田に置く体制が整えられた。

しかし、謙信に対する上野国内の領主たちの信頼度は下降線をたどっていく。永禄九年（一五六六）、東上野の有力領主の一人である由良《ゆら》氏が北条方へ離反した。謙信は十月に越山、翌十一月には佐野へ着陣し、由良氏の本拠である新田金山城《にったかなやまじょう》（群馬県太田市）を攻める準備をしている。しかしその後、上杉氏の上野国における前線拠点であった厩橋城を守る北条《きたじょう》氏までもが離反し、ほかにも館林《たてばやし》（群馬県館林市）に本拠を置く館林長尾氏が北条方についた。こうして、同年中に上杉方だった上野国内の有力領主たちが次々と離反した。謙信はそのまま佐野で年を越したが、何の成果も得られないまま翌十年三月初旬、色部勝長《いろべかつなが》を唐沢山城の在番衆に加えて越後へ帰国した。

この時点で上杉氏の関東における拠点は、沼田城と唐沢山城だけになってしまったのだが、特に厩橋城の喪失は痛手だった。越後から唐沢山城へ行くルートとして、利根川沿いに南下するルートが利用できなくなってしまったからである。過所が発給された可遊斎も含めて唐沢山城へ行くには、赤城山の東山麓を通る比較的険しいルート「根利通《ねりみち》」を使用せざるを得ない状況となった（三〇頁「東上野地域図」参照）。

では、なぜこのような時期に可遊斎へ過所が発給されたのだろうか。次にその事情を探ってみよう。

## 2　根利関所

可遊斎へ過所が発給されてから一か月後の四月七日、謙信の家臣山吉豊守《やまよしとよもり》は、「根利通」に設置された関所の管轄者発智長芳《ほっちながよし》へ書状を発した。「根利通」が沼田から赤城山東山麓の山間部へ入り、渡良瀬《わたらせ》川流域に出るまでのちょうど中間点に設置された根利関所は、利根郡と勢多郡との境目でもあった。では、山吉氏の書状を確認してみよう。

（発智氏が）根利関所の管轄を始めたところ、阿久沢《あくざわ》氏が「非分を成す」と言ってきたのでしょうか。現在の状況をうわべだけみて判断し、そのようなことを（阿久沢氏が）言ってきたことについて、（謙信が）失望されています。そうは言っても、岩下・白井《しろい》・厩橋口の道が不通となっていること、そして「根利通」は東方（常陸・下野方面）との往復のために必要な道であるにもかかわらず、特に由良成繁《なりしげ》が以前からの（謙信の）ご支配の妨げになっているので、いずれにせよ些細なことでも（謙信のご支配を）破られることは、何はともあれ（発智氏の）ご功労がなくなってしまわれることになりましょうか。それゆえ今後も物事をわきまえてご判断することは当然だと、（謙信が）おっしゃっています。しかし根利（関所）に（阿久沢氏が）妨害をしてきたならば、再び急ぎご報告なさってください。万が一、関所が破られるようなことがあれば、貴所（発智氏）が裏切りなされたということだと、（謙信は）お考えです。（中略）

追而、再び阿久沢の所から書状が来たならば、本状の写しを返事として出してください。

［発智氏文書・『越後文書宝翰集』二一四号］

まず、宛先となっている発智長芳という人物について紹介しておく。発智氏はもともと越後国薮神《やぶかみ》（新潟県魚沼市）に本拠を置く一族で、上田長尾《うえだながお》氏当主政景《まさかげ》が上杉謙信と対立していた天文二十年（一五五一）頃、政景方として最前線で上杉勢と対峙していたのが長芳であった。

同年八月、両者の戦いは政景が和睦を申し入れ、それを謙信が受け入れたことで決着した。それから十一年後の永禄五年（一五六二）、当時の沼田城将河田長親から発智氏は沼田で知行を宛行われている。つまり、政景が謙信と和睦し、その配下となった時点で発智氏もそれに従ったのだろう。彼は謙信の命によって本拠の薮神から離れ、沼田へ移ってきたのである。同九年、上野・下野両国の領主たちが次々と上杉氏から離れて北条方へ寝返っていく危機的な状況のなか、彼は上杉氏に味方する者たちを結集させる役割を担って、常陸・下野・武蔵方面へ使者として派遣されている。このような重責を担った使者として彼が抜擢されたということは、謙信からかなり信頼されていたのはもちろんのこと、外交交渉能力にも長けていたと思われる。

また、常陸・下野の領主たちの間を渡り歩いたことで、北関東の地理や政治情勢にも精通したであろう。「根利通」を南下していくと、桐生《きりゅう》を経て唐沢山城や下野・常陸の諸地域とつながっている。以上のような背景もあり、発智氏が根利関所の管轄を任されるに至った可能性が高い。

さて、山吉氏が発智氏へ宛てた書状の内容について詳しくみていこう。まず、発智氏が根利関所の管轄を始めたところ、そこに阿久沢氏が「非分を成す」と言ってきたのか、と事実確認をしている。すでに発智氏は阿久沢氏からのクレームを山吉氏へ報告しており、本書状は

現在の根利集落（勢多郡境の山々を望む）

それに対する返信だった。阿久沢氏は渡良瀬川流域に所領をもつ領主で、「根利通」に権益をもっていた。彼についてはのちほど詳しく紹介したい。

阿久沢氏のクレームとは具体的にどのようなものだったのだろうか。ここでは一旦保留して、先に書状全体を解釈してみよう。

由良氏をはじめ、上杉氏からの離反者が多く出現し、東上野地域における謙信の影響力が弱くなっていることを見透かした阿久沢氏がクレームをつけてきたことに対し、謙信は失望していた。

さらに続けて、岩下・白井・厩橋への道が不通となっていること、「根利通」が上杉氏にとって佐野へ行くための唯一の道になっているのにもかかわらず、新田の由良氏が通行を妨害しているという状況が説明され、上杉氏の支配に背くことは慎んだ方がよいとしている。

また、阿久沢が妨害をしてきたらすぐに報告すること、関所を破られるようなことがあれば管轄者として発智氏に全責任があることを明確に示している。

以上のように、上杉氏が唐沢山城への往復に「根利通」を利用せざるを得ない状況のなかで、阿久沢氏はその道が自領内を通っているという重要性を認識し、上杉氏に対して自己主張を強めていた。

ここで阿久沢氏のことについて説明しておくと、戦国期に深沢《ふかざわ》城（群馬県桐生市）を本拠として活動していた領主で、「関東幕注文《かんとうまくちゅうもん》」という史料に初めてその名がみえる。同史料は、永禄三年（一五六〇）に上杉氏が越山した際、自身のもとに参陣してきた関東諸将の名前と幕紋を「衆」ごとに書き記したもので、翌年の初め頃に作成されたと考えられている。そのなかで「桐生衆」に属する者として「阿久沢対馬守《つしまのかみ》」がみえる。つまり、桐生衆のリーダーである桐生佐野氏の配下として、阿久沢対馬守は上杉氏から把握されていたことになる。

また、阿久沢氏の所領は深沢城周辺だけではなく、仁田山《にたやま》地域とよばれる桐生周辺に広がる山地の西部一帯、さらには渡良瀬川東岸域に広がっており、木材や燃料の生産地とその流

深沢城空堀

通ルートである渡良瀬川周辺地域を押さえていた。

先の発智氏宛の書状に登場する阿久沢氏が「関東幕注文」に登場する「対馬守」と同一人物かどうか不明だが、根利関所の発智氏との間でもめ事が生じていたことは確認できた。それから一か月後の五月七日、謙信から唐沢山在城衆の色部勝長へ出された書状が残されている。

その地（佐野）は色々調っていないため、疲れた兵士が越後へ帰国したいと申しているのは当然のことで、やむを得ないことだ。虎房《とらふさ》丸《まる》を唐沢山城へ入れる予定で、佐野の者たちが根利まで虎房丸を迎えにくることになっているので、その時一緒に戻って来られるよう、待っているように。（中略）くれぐれも道が自由に通れる状況ではないので、虎房丸を迎えに来る時に戻って来られるのがよいだろう。現在、佐野は何事もなく平穏な状態だ。急いで一人で戻って来られて、道中で間違ったことでも起これば、敵・味方双方から笑いものにされ、情けなくなる。唐沢山在城衆だった五十公野《いじみの》重家《しげいえ》は、勝手に越後へ戻ろうとして途中で敵方に捕えられてしまった。例えはどうであっても、道が自由に通れる状況ではないので、万が一のことが起きてはと思い、申したまでである。

謹言

加えて申す。虎房丸の迎えが延期になることはないので、その時に戻って来られるのがよいだろう。以上

［反町英作氏所蔵・『上』五六〇］

どうやら色部氏は越後へ帰ることを望んでおり、以前から謙信にそれを訴えていたようだ。しかし、佐野城から根利までの道中は危険な状態だった。謙信は自分の養子となっていた虎房丸を佐野城へ入れる予定で、佐野の者たちが根利まで虎房丸を迎えにくることになっているから、その時一緒に戻って来るようにと、しつこく書状のなかで三回も繰り返し述べてい

る。

さらに、色部氏と同じく唐沢山在城衆だった五十公野重家は、勝手に越後へ戻ろうとして途中敵方に捕えられてしまったと説明している。実際、五十公野氏は会津の蘆名氏を頼って越後へ戻ろうとしていたところ、北条氏へ引き渡されてしまった。その時「根利通」を通ったのかは定かでないが、唐沢山城から根利に至る道中の治安が極めて悪い状況であるというのが謙信の認識だった。

こうした道中の危険性は、先程確認したように由良氏の妨害によるものだった。一方で、佐野の者たちが根利まで来ることは可能であると謙信は認識していた。つまり、色部氏が少人数で移動することが危険だったのであり、佐野の者たちが虎房丸を迎えるために、ある程度の人数で護衛をつけて通行する分には問題なかったのである。

謙信がこのように判断したのは、唐沢山城から根利へ来る際、由良氏の新田領内を直接通過することがないからであろう。具体的なルートは不明だが、少なくとも渡良瀬川の左岸を通っていたことは間違いない。中世の渡良瀬川の主筋は現在の河道よりも南西側を通っており、その流域は洪水の常襲地帯であったことが指摘されている。したがって、常態的に由良氏の軍勢が渡河し、桐生領内へ侵入していた可能性は低い。第Ⅰ部第一章でみたように、武田氏が原孫次郎《はらまごじろう》に宛てた朱印状のなかで利根川対岸におけるゲリラ戦を期待していたのと同様、由良氏にとって対岸に部隊を常駐させることはリスクがあった。

　また、桐生城下を流れる桐生川筋の道を遡っていくと、足利を経由するよりもはるかに迅速に唐沢山城と連絡できたようで、桐生―深沢城間のルートを含め、渡良瀬川沿いではなく、仁田山の山間部を通っていた可能性もある。

　いずれにせよ阿久沢氏の所領内は通過しなければならないため、同氏がモノ言う領主であったことは確かだが、この時点で上杉氏に敵対していた可能性は低い。

　以上、根利関所が設置された際の状況をみてきたが、ここで最初の疑問である謙信は永禄十年（一五六七）三月になぜ小川可遊斎へ過所を出したのか、について確認しておこう。

　「根利通」を通って沼田から唐沢山城へ物資を運ぶには危険が伴った。おそらく謙信は直轄領化した沼田領と阿久沢氏の所領との境目に関所を設置し、関銭を徴収するほか、関所に城としての機能をもたせて沼田防衛にも配慮していたであろう。現在、根利の周辺に城郭遺構は確認されていないが、発智氏の役割として軍事的な側面もあったことが想定される。

　そして、唐沢山城までの往復には、道中の危険に対処できるよう武装した部隊が必要となってくる。そのため根利関所が設置されたのと同時期、可遊斎が物資輸送の責任者として抜擢され、過所が発給されたのである。

## 3　越相同盟と「根利通」

天文二十三年（一五五四）に締結された駿（今川）・甲（武田）・相（北条）の三国同盟は、永禄十年（一五六七）に今川・武田両氏の対立が決定的となったことで破綻した。翌十一年十二月、武田信玄は今川氏当主の氏真《うじざね》が居る駿府《すんぷ》へ侵攻、氏真は掛川へ逃れた。三国同盟を結んだ際、北条氏康の娘早河殿《はやかわどの》が氏真のもとへ嫁いだこともあって、北条氏は氏真を保護した。そのため北条・武田両氏は敵対関係となり、両者ともに臨戦態勢を敷いていった。

こうした状況を受けて同年末、北条氏は敵対関係にあった上杉氏に対して和睦の意思を伝えた。翌十二年二月二日には、北条方と上杉方との中間地点においで対談をおこなおうと、北条氏側近の遠山康英《とおやまやすひで》が上杉方の沼田在番衆（松本石見守《いわみのかみ》・河田伯耆守《ほうきのかみ》・上野中務少輔《うえのなかつかさのしょう》の三人。当時彼らは「沼田三人衆」と呼ばれていた。）にもちかけてきた。

一、この度、使僧を遣わして、北条氏康・氏政《うじまさ》父子の起請文《きしょうもん》を進上するつもりである事。
一、北条と武田は対陣する日が近いので、戦が差し迫っている。上杉軍も出陣なされて、沼田在城衆には青戸・岩櫃《いわびつ》筋へ攻撃してくれるよう（氏康が）望まれている。こちらの者たち（北条軍）は、そちら（上杉氏）のご意思にしたがい策略を講じるであろう事。
一、例の飛脚は今度の十四、五日に帰ってくるだろうか。十六、七に拙者親子（遠山康光・康英）が新田金山へ派遣される事が内々で取り決められた。相模と越後の「半途」において、ご対談することをご相談するべきであろうか。そうであれば、対談日の都合をうかがいたい事。
〔上杉家文書・『上』六四八〕

第一条には、使僧を越後へ派遣することについて書かれている。実際、二月十日には使僧として天用院《てんよういん》が、善徳寺《ぜんとくじ》という今川氏真の使僧とともに小田原を出発している。第二条では、武田氏を共通の敵とする上杉氏へ出陣の要請をしている。

最後の第三条には、遠山康英自身と父康光《やすみつ》が新田金山へ派遣される予定であること、さらに「半途」（中間地点）において対談するべきであると思うので、対談日の都合を伺いたいと記している。「半途」の場所は、新田もしくは沼田のことであろうか。根利のことを指している可能性もあろう。

その後、同月二十一日には、「半途」においての話し合いに遠山康英が行く予定だったが、若輩のため父康光が派遣されること、「半途」へ出てくる日にちを取り決めたいことなどを、金山城主由良成繁が沼田在番衆へ知らせている。

実際に金山城まで派遣されたのは、遠山康光と拼和康忠《はがやすただ》の二人だった。ここでひとつ確認しておきたいことは、北条氏が上杉氏と連絡をとるための拠点としたのが由良氏の拠る金山城だったことである。赤城山西山麓の道が、敵対する武田氏の影響によって使用できなかったことからすれば、妥当なところであろう。

一方、遠山たちより一足先に派遣されていた天用院と善徳寺の両僧は、沼田に到着していたが、風雪がひどかったため足止めされていた。そこで、在番衆の一人である松本景繁《かげしげ》が越後へ赴き、謙信の「誓句返答」を持ち帰ることになった。

以上のようなやり取りが北条方と上杉方との間で交わされていたなか、阿久沢左馬助《さまのすけ》宛に二月十六日と三月二十六日付で北条氏康から書状が送られている。二月十六日付の書状では「往復につき奔走しているとのこと、格別に喜ばしいことである。益々精力を注ぐよう申し上げること、大切なことであろう。」として、阿久沢氏が北条氏のために何かと道を往復していたことが確認できる。

そして、三月二十六日付の書状ではもう少し具体的なことが判明する。「北条氏と上杉氏の和睦につき使者送迎の件、精力を注ぐよう申し上げること、格別に喜ばしいことである。」と書かれており、先の「往復」とは、北条・上杉両氏の和睦交渉にともなう使者の送迎のことだった。

阿久沢氏は、沼田―新田間の「根利通」を北条氏の使者をともなって往復していたのだろう。ということは、前節で確認した阿久沢氏が発智氏に言ってきた永禄十年のクレームの内容とは、根利関所における関銭徴収だけではなく、沼田までの案内役ができなくなってしまったことに対するクレームでもあろう。もちろんそこには大きな利権が絡んでいたと思われる。また永禄十二年（一五六九）二・三月の時点で、阿久沢氏が沼田まで使者の送迎をおこなっていたということは、上杉方とのトラブルが彼に有利なかたちで解決したことの表れである。

北条氏の使者に話を戻そう。天用院らの一行が同年五月十八日に越後塩沢（南魚沼市）へ到着したことを、進藤家清《しんどういえきよ》が謙信のもとにいた直江景綱《かげつな》・河田長親へ報告した。進藤氏は塩沢において使者たちをもてなした。そして、今後の逗留先などの日程を直江氏らに知らせ、沼田在番衆の松本景繁が同道すること、「路次・橋・舟渡」のことは念を入れて先々へ連絡することを確認している。つまり、沼田から謙信のいる春日山《かすがやま》までは松本氏が案内者として同道し、宿や交通手段などは街道沿いの各領主たちが世話をしていたことがわかる。

こうしてみると、阿久沢氏が新田から沼田までの案内者だったのは、それだけ「根利通」における彼の存在が非常に大きかったことを示唆していよう。根利関所は、上杉氏によって半ば強引に阿久沢氏の勢力圏内に設置されたものだった。

さて、三月の時点まで戻って、沼田三人衆が二十七日付で謙信家臣の山吉氏へ送った書状を確認したい。

あらためてお伝えします。さて、この度松本石見守が沼田に戻ってきました。仰せの通り、すぐに天用院・善徳寺の両僧へお伝えし、昨二十六日にご出発されました。必ず近日中に到着されると存じます。近頃、絶え間なく北条ご父子のご書状が届くので、全てそちらに差し上げました。それによって遠山康光・垪和康忠両氏が新田までお越しになりました。去る十六日以来、私達との対談について、頻りに問い合わせをいただき、使者の小川夏昌斎《かしょうさい》が期限を今度の七・八日頃と定めて帰っていきました。私達（沼田三人衆）はそれぞれ対応を考えつつも、堅く（謙信の）仰せの通りにするので、（謙信の）ご意向によって、由良成繁が決められた日に出てくるでしょう。どのようにでも対談の上、再びご報告しますので、取り急ぎ申し上げます。

［上杉家文書・『上』六九二］

三人衆の一人である松本氏は沼田へ戻ってきており、それと入れ替わるように天用院・善徳寺両僧が出発した。先に進藤氏の書状において塩沢へ到着した際の様子をみたが、沼田から塩沢までひと月以上かかっており、かなりの時間を要していたことがわかる。これは降雪の影響によるものか、もしくは寄り道をしていたのであろうか。また、進藤氏の書状では松本氏が案内者として同道しているので、彼は両僧たちの後を追って再び越後へ向かって出発したことになる。想像だが松本氏の都合に合わせるため、塩沢への到着が遅れたのかもしれない。

さらに続けて、金山まで来ていた遠山康光と丼和康忠が対談の件を頻りに問い合わせてきていたことが書かれている。先に「半途」において対談を申し入れていたことに触れたが、ここでは北条方が対談をかなり急いでいたようにみえる。それだけ上杉氏との同盟を少しでも早く成立させようと焦っていたのだろう。

新田から沼田への使者として名前がみえる小川夏昌斎という人物は、先に登場した小川可遊斎とは別人で、素性は謎につつまれている。この時は遠山氏らの使者として金山城から沼田へやって来てすぐに帰ったが、五月の進藤氏書状にも「夏昌斎　都合六人である」と記されており、夏昌斎は五人をともなって、天用院らとともに春日山へ向かっている。そして、到着した際には謙信から書状にて、天用院の「案内者」として春日山まで遠路はるばる来たことについて慰労されるとともに、「条々の事、速やかに調整するよう才知を働かせることが大切である」と、詳細は不明ながらも同盟に関する「条々」の取り決めについて、急ぎ準備するよう依頼されていたようだ。

その後、天用院らによって謙信の血判起請文《けっぱんきしょうもん》が小田原にもたらされると、今度は上杉氏の使者として小田原へ派遣された広泰寺《こうたいじ》昌派《しょうは》と進藤家清が北条氏一族の血判起請文を持ち帰った。その際、北条氏は遠山康光を同道させて越後へと向かわせた。

遠山氏は六月二十七日付で新田金山の由良成繁へ宛てて書状を送っており、そのなかで夏昌斎に触れている。

> 七月一日にそちら（金山城）に到着します。よって、屋形様（氏康）のご書状もお送りします。また、夏昌斎へもご書状をお書きになりました。今回私が越後へ派遣されるので、夏昌斎は付き従って行くようにと（氏康の）仰せです。（中略）ご公儀のため、一方で私（遠山康光）自身のため、どちらにしても（氏康の）ご意思によって（私と）同道されますよう（夏昌斎へ）お頼み申し上げます。
>
> ［上杉家文書・『上』七七〇］

北条氏は夏昌斎に何かを依頼する際、由良氏を通じて連絡を取っていたことがわかる。また、夏昌斎は遠山氏らと越後へ同道することになったわけだが、先にみたように、謙信から直接書状をもらえる立場でもあったことから、彼に対する北条・上杉両氏の信頼の深さが確認できる。

話が脱線してしまったが、同盟交渉における北条方の焦りをよそに、上杉方では沼田三人衆がそれぞれ対応を考えつつ、謙信の意向を確認しながら話を進めていたため、北条方への返答が遅れがちになっていた。

沼田三人衆が山吉氏に書状を出してから三日後の三月三十日、金山城で足止めされていた遠山康光は、前節でも紹介した発智氏へ宛てて書状を送った。

まだお付き合いがございませんが、書簡をお送りしました。さて、越相同盟《えっそうどうめい》交渉の件につき、（発智氏が）北条氏康父子のため、根利にて特段にご奔走されるとのこと、それを（氏康が）お聞きになって喜び満足されています。早々に私（遠山）自身がお目にかかって直接お話ししたいところですが、松本石見守が越後から沼田へお帰りにならないので、金山で足止めされています。何としてでも近日中に（発智氏の所へ）お伺いします。したがいまして、氏康からの酒肴「一荷一種《いっかいっしゅ》」を（発智氏に）進上いたします。（氏康からの）「直書《じきしょ》」は私（遠山）が直接持参いたします。

〔発智文書（東京大学史料編纂所影写本）・『上』六九五〕

遠山氏は、近日中に直接会いたい旨を伝え、氏康からの酒肴「一荷一種」を発智氏に進上すること、氏康からの「直書」（氏康が直接判（花押）を据えた文書）は遠山氏が直接持参すると述べている。

先の史料で確認したように、遠山氏は沼田三人衆へ再三にわたって対談の件を問い合わせていた。しかし、返答がなかったため、今回発智氏を頼ったと考えられる。また、氏康が発智氏へわざわざ「直書」を送っていることから、同盟交渉における彼の働きにかなり期待していたことが窺える。

つまり、この時点で発智氏は大名間レベルの取次《とりつぎ》役を期待されており、単なる関所の管轄者の枠を超えたキーパーソンと北条方からみなされていたのである。

最終的に上杉・北条両氏は血判起請文を互いに交わし、同盟が成立することとなった。同年八月には同盟条件の細部を詰めるため、天用院が再び越後へ赴くことになった。その際、阿久沢氏が沼田までの「路次中馳走」、すなわち「根利通」の案内、そのほか道中における世話役を北条氏政から依頼されている。

越相同盟の締結過程を「根利通」を通してみてきたが、これ以前に根利関所をめぐって対立していた発智氏と阿久沢氏は、上杉・北条両氏の同盟交渉が開始されると、交渉を推進するための役割を担ってそれぞれが奔走していた。

# 第三章　小川可遊斎の活躍

## 1　北条氏政期の可遊斎

話は越相同盟《えっそうどうめい》交渉がおこなわれていた永禄十二年（一五六九）から、いっきに天正七年（一五七九）までとぶ。この時、北条氏康《うじやす》・武田信玄《しんげん》・上杉謙信《けんしん》といった戦国時代を代表する面々はすでにこの世にはなく、それぞれ氏政《うじまさ》・勝頼《かつより》・景勝《かげかつ》へと代替わりしていた。越相同盟は締結から二年後、氏康の死によって破綻し、上杉・北条両氏は再び対立関係におちいった。

沼田地域（群馬県沼田市周辺域）は上杉氏から北条氏勢力下へと変わっていた。そのきっかけは、天正六年（一五七八）三月に死去した謙信の跡目相続をめぐって、景勝と景虎《かげとら》の二人が争った御館《おたて》の乱が勃発したことによる。

景勝は上田長尾《うえだながお》氏当主政景《まさかげ》の子、景虎は北条氏康の子だった。そのため、争いが起こると北条氏政は弟である景虎支援に乗り出し、越後への侵攻を企てるとともに、同盟関係にあった武田勝頼に援軍を要請した。北条軍は沼田城を占領し、一時は越後上田荘《うえだのしょう》（新潟県南魚沼市・湯沢町周辺域）まで兵を進めた。結局、天正七年三月に景虎が自害したことで乱は収束へと向かったが、景勝は関東における拠点の沼田城を失ってしまった。

この間、勝頼は同盟関係にあった北条氏からの要請により、信濃から越後へ進軍したものの、乱の最中に景勝と和睦したため、景虎を後押ししていた北条氏とは敵対関係となってしまった。

景虎自害から約半年後の九月、武田勢が駿河の沼津に城を築いたのをみて、北条氏政はすぐに伊豆の防衛を強化し、勝頼との戦闘を決意した。この動きと連動する形で北条氏は徳川氏との同盟を模索する。遠江の徳川氏と同盟を結ぶことで、駿河に進出していた武田氏を挟み撃ちにしようと氏政は考えていた。彼は天正七年の正月頃にはすでに同盟締結へ向けて動き出していたようで、当初は弟の氏照《うじてる》が交渉を主導していた。

その後、史料上から具体的な動きを読み取ることはできないが、武田氏の沼津築城と同時期、北条・徳川両氏は、武田氏への共同作戦を実行しようとしていた。

徳川家康の家臣であり、三河国額田《ぬかた》郡深溝《ふこうず》（愛知県幸田町）を本拠とする松平家忠《いえただ》の日記『家忠日記』は、当時の徳川方の動きを知ることができる貴重な史料である。同日記の天正七年九月五日条には「伊豆における紛争への（家康の）ご対応が決まり、朝比奈泰勝《あさひなやすかつ》が昨日戻ってきたとのこと、浜松より連絡が来た。」とあり、同月十三日条には「来たる十七日に（家康が）ご参戦するとのこと、浜松より連絡が来た。」とある。北条氏へ遣わされた家康の使者朝比奈泰勝が九月四日、当時の家康の本拠である遠江浜松城へ戻り、来たる十七日に駿河へ攻め込むことで北条氏と合意したという情報が、家忠のもとにもたらされたのである。

この作戦は実行されたようで、同月二十日に氏政が家康の重臣榊原康政《さかきばらやすまさ》へ宛てた書状のなかで、駿河出陣に対する謝意を表明している。

さらに北条氏は織田信長に対して鷹を三羽送り、接近をはかっていた。こうして、武田氏と敵対関係におちいった北条氏は、徳川氏やその背後の織田信長へ連絡をつけながら、共同歩調をとろうとしていた。

さて、前章において上杉謙信の元で物資輸送を担っていた小川可遊斎《かゆうさい》は、当時どうしていたのか。彼の動向がわかる史料が残されている。北条氏照から可遊斎へ宛てられた書状で、やや難解であるが現代語訳を試みると、おおよそ次のようになる。

私（北条氏照）は沼田に着城しました。ひと仕事となる策略の件、承りました。加えて（可遊斎から）三種一荷が届き、満足しております。それから（可遊斎が）越後へ行かれて、（北条氏のために）奔走するとのことにより、私（氏照）は沼田の地へ「仕置《しおき》」のために再び着城し、（可遊斎に）あらゆる邪魔が入らないよう（沼田の者たちに）命じました。とりわけ貴殿が留守中のことについても、（氏照が）命令しておきますので安心してください。詳しくは使いが口上にて述べます。何か用事がありましたら、遠慮なく言ってきてください。

［落合文書・『戦北』二〇九七］

当主氏政の弟であり、八王子城（東京都八王子市）や栗橋城（茨城県五霞町）の城主を兼ねていた氏照は、常陸・下野方面の最前線で軍事指揮者として活動していた。この時期、氏照はわざわざ沼田までやってきて、越後へ出向いた可遊斎の留守中に変事が起こらないよう「仕置」をおこなった。氏照が可遊斎にかなり配慮している様子が窺える。

では、可遊斎はなぜ越後へ出向き、北条氏のために奔走していたのか。元々上杉氏との関係が深い可遊斎は、北条氏と上杉景勝との和睦を取りもつため、景勝のもとへ行ったのではないか。だからこそ、可遊斎の働きを北条氏は「奔走」と認識したのであろう。

繰り返しになるが、御館の乱の際、北条氏は景虎を援護していたため景勝とは敵対していた。しかし、駿河において武田氏と戦闘状態だった北条氏にとってみれば、景勝とはここで一度和睦しておきたいところだった。もし、武田氏との同盟関係により上杉軍が上野へ攻め込んできたならば、北条氏は二方面作戦を強いられることとなるため、現状に対して強い危機感を抱いていたと考えられる。

ようするに北条氏は、冷え込んだ上杉氏との関係改善をはかるため、可遊斎に景勝への取次《とりつぎ》を依頼し、一縷の望みを託して彼を越後へ送り込んだのであろう。氏照が可遊斎にかなり配慮していたのも、こうした事情によるものだった。

一方、沼田の住人たちからすれば、つい最近まで上杉軍との戦闘を続けていた者も多くいたわけで、和睦に対しては反発も多かったであろう。そのため氏照がわざわざ「仕置」のために沼田へ入り、可遊斎の働きに邪魔が入らぬよう対策を打ったのである。

可遊斎の取次が成功したのかどうかはわからないが、景勝が関東へ攻め込むことはなかった。しかしその後、北条氏は上野国内における勢力を急速に失っていく。その原因は、真田《さなだ》昌幸《まさゆき》を中心とした武田勢の圧力が強まっていたからだった。

## 2　真田昌幸による可遊斎の調略

天正八年（一五八〇）二月二十四日付で真田昌幸は、小菅刑部少輔《こすげぎょうぶのしょう》という人物へ武田家朱印《しゅいん》状《じょう》を二通送った。一通は知行宛行状《あてがいじょう》で、群馬県利根郡みなかみ町月夜野周辺の土地、都合六か所が記載されている。ただし、条件がつけられていた。「（小菅が）真田昌幸に言上した通り、小川城を乗っ取って堅く守り忠節を尽くせば」とある。真田氏は小菅氏を利用して小川可遊斎の居城である小川城を乗っ取ろうとしていたのだろうか。しかし、もう一通は先ほどの内容とは少し矛盾しており「可遊斎が過去の過ちを悔い改めて、今（武田方に）忠節を尽くされれば、可遊斎に対して特別に目をかけられるとのこと、（勝頼が）仰せになっている。」と、小菅氏に対して可遊斎の説得を要求している。真田氏にとってみれば、小菅氏の都合がよい方策で行動を起こしてもらい、どんな形であっても小川城が手に入ればよかったのだろう。

小菅氏については、わからないことが多い。二通の文面から可遊斎の家臣にあたる者と推測できる。江戸時代に編纂された南部《なんぶ》藩士らの家系図集に、小菅氏の系図が掲載されており、その冒頭に刑部少輔がみえる。彼にかかわる史料の写しも掲載されており、その信憑性は高いのだが、一方で刑部少輔の履歴として「甲斐国出身で天正年間に勝頼配下となった小川城主」と説明されている。

確かに甲斐国には小菅という地名があるため、出自については否定できないものの、小川城主だったという可能性は低い。想像だが、彼の子孫が江戸時代に南部藩士となって、伝来した古文書をもとに系図を作成した際、刑部少輔の履歴の部分については関係文書の内容を「盛り」つつ創造したのではないか。家の由緒を少しでも良く見せたいと思うのは当然であり、小川城主だったという話もそうしたなかで生まれたのだろう。

二通の朱印状が出されてから四日後の二月二十八日、今度は真田家臣の矢沢頼綱《やざわよりつな》から小菅氏に書状が送られた。内容を鑑みると、どうやら最初に小菅氏へ接触したのは矢沢氏だったようで、彼が小菅氏の要望を聞いたうえで、勝頼の「御印判」のある先の二通を小菅氏へ寄こしたのだった。

したがって、小菅氏は矢沢氏から接触があった際、真田方に付く条件として本領も含めた六か所の土地を要望し、その返答として、小川城が真田方のものになった場合、褒美として望みの土地を宛行《あてが》うことが伝えられたのである。もう一通の「可遊斎が過去の過ちを悔い改めて」とあるのは、おそらく小川城を攻撃する前に可遊斎が真田方につけば重用するという意味で、小菅氏宛ではあるものの可遊斎が読むことを前提として書かれたものだったと考えられる。

その後、真田氏と可遊斎との間で交渉が進展し、翌三月には武田方につくことで話がまとまった。同月十六日付可遊斎宛の武田家朱印状をみると、可遊斎は知行地について条件を出していたことが確認できる。

（可遊斎が）小川城を守り忠節を尽くされるとの事、知行地に関する要望を受け入れ、利根川西岸については「荒牧《あらまき》」（新巻〈みなかみ町〉）より上流域を宛行う。東岸については土地の所有者について調査したうえで、（可遊斎の）望みの土地を宛行うことに異議はない。そうであるからには、小川城を堅固に守り実践されることが肝要との事、（勝頼の）ご命令である。よって前記記載の通りである。［「別本歴代古案」一七・『戦武』三三八五］

武田氏は、可遊斎が小川城を守り忠節を尽くすと約束したため、彼の要望を受け入れ、利根川西岸については「荒牧」より上流域を宛行うことで決定した。当該地域は小川城から赤《あか》谷《や》川筋を遡っていく、いわゆる三国《みくに》峠越えルートによって隣国越後へと通じる地域であることから、越後への通路確保が彼の目的だったのかもしれない。彼が依然として上杉氏とのパイプを維持していたことと関係があろう。

また、東岸については土地の所有者について調査し、可遊斎が望んでいる土地を与えることに異議はないとして、小川城を堅固に守ることが肝要と勝頼の命令を伝えている。

同日付で真田昌幸は小菅氏にも書状を出している。そこでは、①武田方からの起請文《きしょうもん》を可遊斎が望んでいるため、その草案をもらってから準備を進めること、②万が一、北条方の沼田城から小川に攻撃を仕掛けてきた際には、連絡を受け次第加勢するので安心してほしいこと、③可遊斎の知行のことについては承ったので、望み通りに武田家朱印による土地宛行状を準備して差し上げること、などを伝えている。

小菅氏は可遊斎への取次役を担っていることが、この書状で確認できる。①では可遊斎が武田氏の起請文を要望したため、草案を受け取ったのちに発給されること、③ではこの後正式な知行宛行状が発給される予定であることが書かれている。つまり、先の三月十六日付の朱印状は、知行宛行に関する交渉の最終段階で出された仮の「宛行状」だった。

また、②では沼田城から小川へ攻撃があった場合、武田軍がすぐに加勢することを明言している。小川城直下を流れる利根川の下流、東岸に位置する沼田城は北条氏が押さえていたため、この交渉の件が耳に入れば、すぐに北条軍が攻めてくることは想像に難くない。②は交渉過程のなかで、可遊斎のほうから条件として出したのだろう。

①③にみえる起請文・宛行状は今、存在を確認できないが、四月二日付の小菅氏へ宛てた武田勝頼知行宛行状の写しが確認できるため、可遊斎にもおそらく同日付もしくはその前後に出されたであろう。こうして可遊斎は武田方との交渉を経て北条氏から離反したのである。

## 3　武田勝頼期の可遊斎

### （1）対北条氏の最前線で

前述したように、天正八年（一五八〇）四月二日付で小菅氏は武田勝頼から知行宛行の判物《はんもつ》を

小川城周辺図　（川の流路は現在のもの）

受け取った。二月の時点で「小川城を乗っ取ったならば」という条件付きで六か所の土地が提示されていたことはすでに述べた。三月中に可遊斎が武田方についたことで、条件をクリアしたのだが、四月二日の宛行状は少し約束と異なっており、①本領、②後閑《ごかん》、③禅昌寺分、④政所《まんどころ》、⑤小菅雅楽助《うたのすけ》分、と一か所減って都合五か所となっていた。

①の小菅氏本領というのは小川城周辺であろうか。はっきりとしたことはわからない。②④は利根川東岸に位置するため、この時点では北条氏が実効支配していた可能性が高い。将来武田方が沼田城を攻略することを見越して小菅氏が当該地を望んだのか、あるいは元々は彼が所持していた土地

だったのだろう。

さて、可遊斎が武田方に寝返ったことはすぐに北条方へ伝わったようで、四月初旬に小川城の眼下にあった後閑橋付近において、北条軍と真田軍が衝突していたことが「里見吉政戦功覚書《さとみよしまさせんこうおぼえがき》」という史料に記されている。この「覚書」の作者である里見吉政という人物は、上野国箕輪《みのわ》（群馬県高崎市）を本拠とした長野氏の被官とされており、天正四年（一五七六）段階では北条氏照に仕え、その後、北条氏邦《うじくに》、滝川一益《たきがわかずます》など主君を変えながら転々とし、最終的には関ヶ原の戦いの後、井伊直政《いいなおまさ》に仕えて彦根（滋賀県）へ移住したという。

本覚書は寛永五年（一六二八）二月九日、当時七十七歳の里見吉政が息子の里見金平《きんぺい》・源四郎《げんしろう》宛に書いたもので、同時代史料ではないため、信頼できる史料との比較検討が必要なものの、その史料的価値は非常に高いと評価されている。

北条・真田両軍の戦いの場面を要約すると以下のようになる。

一、北条氏照が沼田領から身を引いた後、鉢形城《はちがたじょう》（埼玉県寄居町）主の北条氏邦が沼田領を支配下においた。沼田領内の小川可遊斎という者が氏邦に謀反し、真田昌幸につき武田勝頼方へ寝返ったため、氏邦は沼田仕置のため同地に逗留された。真田は西上野・信州佐久・小県《ちいさがた》の人員を集めて、沼田へ四月八日に出撃した。後閑という所に利根川を渡る大きな橋が架かっており、氏邦は橋を渡った所に夥しく仕寄《しより》（防衛や攻撃に用いる竹などの大きな束）を二重に立てたところ、真田自身が乗りかかってきて、次から次へと絶え間なく攻め、ついに仕寄の一重を真田方に取られてしまった。残り一重あったが、橋のこちら側に歴々の物頭《ものがしら》たちがいながら、ひと支えもなく取られてしまうことは、あまりにみっともないので、私が若かったこともあり、見かねて黒沢帯刀《たてわき》・富永勘解由《かげゆ》左衛門《もん》と私で三人鑓三本にて突きかかり、仕寄を取り返した。三人の内、私はその場で負傷した。私が二十九歳の時のことで、精一杯戦った。橋を渡るときは矢にも鉄炮にもあたり、傷を負ったり討死したりする者もいた。私たち三人は不思議にも敵・味方のなかで、自陣内から敵を追い出した。

［館山市立博物館所蔵「里見吉政戦功覚書」］

以上、天正八年（一五八〇）四月八日、利根川に架かる後閑橋を挟んで、北条氏邦軍と真田昌幸軍が対峙し、北条方だった里見氏ら三人が活躍したことが描かれている。もちろん里見氏自身の活躍は誇大に書かれているだろう。

一方で、この「覚書」と同じ場面を描写したと思われる記事が、真田氏側の記録である「加《か》沢記《ざわき》」にもみえる。こちらも要約を載せておく。

天正八年三月、北条方は小川・名胡桃《なぐるみ》（みなかみ町）両城が真田方によって堅固に守られていることは許しがたいことと考え、すぐに攻め落とそうと三千余騎を率いて小川城に攻めかかった。小川可遊斎は勇兵二百余人を菩提木の台の所に待ち伏せさせ、自身は五十余人を率いて竹下へ行き、少々北条軍の相手をすると、敵は多勢に自惚れて備えをおろそかにし、可遊斎を討ち取って恩賞に預かろうと我先に駆け廻り押し寄せてきた。可遊斎は智略に長けており、貝を吹いて逃げると、北条軍が居城へ押しかけてきたため、采配を振って待ち伏せさせていた軍勢を北条軍の背後から襲わせた。可遊斎も取って返し、北能登守《きたのとのかみ》は名胡桃からの加勢のようにふるまい、小袖林より百余人を二手に分けて敵を追いかけた。北条軍は難所での戦闘を避けて川原へおびき寄せて戦おうと、先手の千人ほどが我先にと退却した。しかし、大人数に対して橋は狭く、利根川は増水していて瀬を渡ることができない季節だったため、大半の者が橋より揉み落とされて溺死した。

［「加沢記」『沼田市史』資料編1別冊］

「加沢記」では可遊斎の活躍が中心に描かれている。また、掲げた部分の冒頭「天正八年三月」とは合戦がおこなわれた日を示すものではなく、可遊斎が武田氏へ従属することを決めた月であり、それ以来の出来事を語っているものといえよう。

両史料から確認できることは、北条軍と真田軍との合戦が、可遊斎の寝返りをきっかけとして勃発したこと、後閑橋が利根川の両岸を結ぶ要所であり、増水時に対岸へ攻め入るには橋を渡らねばならなかったこと、以上の二点である。同時代史料ではないため、信憑性には疑問符がつく部分があるものの、先の共通する記述に関しては、事実とみてよいのではないか。

また、「加沢記」の続きには、四月十二日付で塚本舎人助《とねりのすけ》へ宛てた北条氏邦判物の写しが掲載されており、「小川が北条領に戻ったうえで知行地を与える」とし、何としてでも渡河して小川城を奪い取ることを氏邦は指示している。

一方、武田氏側では四月二十三日、勝頼が小菅氏へ書状を送っており、可遊斎の忠告により小川へ援軍を派遣するとしている。

以上のことから、北条・真田両軍の衝突以降、小川城周辺はかなり緊迫した状況が続いていたことがわかる。沼田城を守る北条方にとって、利根川は対武田氏の防衛ラインであり、真田軍が後閑橋を渡ってしまうと沼田城下まで容易に迫って来ることになる。したがって、後閑橋を見下ろす位置にある小川城が重要視され、北条氏はその奪還を目指した。こうした事情から、逆に武田方にとっては沼田城攻略の際、最初に可遊斎を味方につける必要があったのである。

猿ヶ京城と赤谷湖

## （2）可遊斎への気遣い

五月に入ると真田昌幸は猿ヶ京《さるがきょう》城（みなかみ町）の攻略に乗り出した。現在、猿ヶ京には赤谷湖というダム湖があり、城はその湖にせり出した半島状の土地に立地している。しかし当時、湖は存在していなかったため、道がどのあたりを通っていたのかは不明である。

五月四日、中沢半右衛門《はんえもん》という人物が猿ヶ京城「三の曲輪」を焼き払う手柄を立て、真田昌幸から「荒牧」（新巻〈みなかみ町〉）の内十貫文分の土地を宛行われた。さらに二日後の六日には「猿ヶ京城を調略したならば、望み通りに「恩田伊賀《おんだいが》分の内」から五十貫文の土地を宛行う」ことを約束された。

同日、昌幸は森下又左衛門《またざえもん》に対して、彼が望んでいる須川《すがわ》（みなかみ町）にある土地を提示し、「猿ヶ京城を調略したならば可遊斎に替地を出してでも望み通りにその土地を宛行う」としている。

中沢・森下両人は、三国街道沿いにある須川の者たちを中心として構成された「須川衆」と呼ばれる地侍《じざむらい》集団の有力者であると考えられ、知行宛行の予定地は可遊斎の知行地である「荒牧より上流部」だった。

ほどなく彼らは猿ヶ京城の調略に成功した。そこで、昌幸は五月十九日付で可遊斎へ判物を送った。

一、（須川衆に）当地在城を命じたので、城周辺の知行地の件を伝えたところですが、相又村・宮野村を除いた土地をお借りしたい儀、（可遊斎が借用を承諾したことに昌幸は）満足しています。ただし沼田城が落城した際には速やかに（可遊斎へ土地を）お返しする事。

一、須川衆で今回特に忠節を尽くした十三人がかかわる土地の十三貫文の場所、これも沼田城が落城した際には、右と同様の事。

一、貴所（可遊斎）が（武田氏へ）お訴えになっていた件、昌幸は少しも（可遊斎を）疎略に扱うことはありません。「書付《かきつけ》」で武田氏へお願い申上げる際には、（昌幸が）精一杯奔走する事。

付、可遊斎の「御同心」「親類衆」の請願についても、（昌幸は）力の及ぶ限り奔走いたします。

〔吉川金蔵氏所蔵文書（東京大学史料編纂所影写本）・『戦武』三三四七〕

中沢・森下両氏の知行宛行の予定地が可遊斎の知行地であったことは、すでに言及した。五月十九日以前に猿ヶ京城が落城したため、昌幸は須川衆に猿ヶ京在城を命じたのだが、彼らには事前に「可遊斎に替地を出してでも望みの地を宛行う」と約束してしまった以上、今度は可遊斎に土地の供出を頼む必要があった。

しかし、一条目をみると昌幸は可遊斎に対して、相又村・宮野村を除いた地を「お借りしたい」と頼んでいたことがわかる。相又・宮野両村は猿ヶ京城膝下の村で、三国街道沿いに位置することから、元々武田氏直轄領だった。可遊斎は「沼田城が落城した際には速やかに土地を返却する」ことを条件として土地の貸し出しを承諾し、それに対して昌幸が満足したと書いている。

昌幸は、当初から可遊斎に土地を一時的に借りようとしていたのか、はたまた、替地を提案したものの可遊斎から拒否されたための代替案だったのか、その経緯は不明だが、手柄を立てた者たちへの褒美＝土地宛行について、昌幸がかなり苦労していた様子は窺える。

二条目では、今回手柄を立てた須川衆十三人についても知行宛行に際して、同様の措置がとられていたことがわかる。

そして三条目では、可遊斎が武田氏へ訴願している件について、昌幸は少しも疎略に扱うことはないとして、その訴願についての「書付」を武田氏へ差し出す際には、精一杯奔走し取次ぐことを約束している。さらに付けたりでは、可遊斎の「御同心」「親類衆」の請願についても自分の力の及ぶ限り奔走することを約束している。

可遊斎が訴えていた内容とは、おそらく知行地に関する問題であろう。武田氏との服属交渉において懸案となっていた利根川東岸の本領はいまだ決着しておらず、このあと七月一日付の武田勝頼判物においてようやく知行地として認められている。同心・親類衆の請願も同様の問題があったと考えられる。

本史料で印象的なのは、昌幸が可遊斎に対して非常に丁重な扱いをして気を遣っている点である。内容ばかりでなく、可遊斎を「貴所」と呼び、その行動には「御」を付けて丁寧な表現を用い、さらに自身のことは「拙夫」と書いてへりくだっている。

昌幸はなぜそこまでして可遊斎に気を遣っていたのであろうか。その答えはこれまでみてきたように、北条方との最前線拠点であり、沼田城攻略のために重要な小川城を守備していたのが可遊斎であったからにほかならない。

こうして、猿ヶ京城を支配下においた昌幸は、いよいよ利根川対岸にある沼田城攻略に乗り出していく。六月二十七日、武田氏は須川衆の中沢・森下らに武田家朱印状を出し、「沼田が武田のものになった上」で宛行う土地を具体的に提示している。

さらに同月晦日《みそか》には、北条方として沼田城将をつとめていた用土新左衛門《ようどしんざえもん》（藤田信吉《のぶよし》）や金子美濃守《みののかみ》らに対して、城を明け渡した際に宛行う予定の知行地を伝えている。この時点で、沼田城将たちとの服属交渉が始まっていた。

そして翌日、七月朔日付で、新たな知行宛行に関する武田氏の判物・朱印状が可遊斎とその家臣である服部右衛門尉《えもんのじょう》に出されている。昌幸による沼田城調略が順調に進んでいたのであろう。まず、可遊斎宛の判物をみてみよう。

沼田の利根川東岸の本領と近年維持してこられた土地について、今後もまったく相違することはない。また、藤原（みなかみ町）の地を所望していたが、すでに別の人が知行地として所持していたため、宛行うことはできない。そのため、替地として師《もろ》（同町）の地から十八貫文の所を宛行うものとする。よって前記記載の通りである。

［市立米沢図書館所蔵・『戦武』三三七八］

利根川東岸の本領について昌幸の「奔走」があったのだろうか、ようやく可遊斎の知行地として決着したことがわかる。また、可遊斎は藤原の土地を所望したのだが、すでに別人が知行地として所持していたため、替地を与えるとしている。

ただし、藤原にしろ、師にしろ利根川東岸に位置しており、当時は北条方の支配下にあった可能性が高いことから、本史料は沼田落城を見越して出されたものであり、これを可遊斎へ渡すことによって奮起を促したのだろう。続いて同日付の武田家朱印状にはこう記されている。

名胡桃にある三百貫文の土地を所望していたが、武田家へ忠節を尽くした者へすでに宛行ってしまったため余儀ないこととなっている。再度要望の地を聞いて、替地を速やかに渡すとの事、（勝頼からの）ご命令である。よって前記記載の通りである。

［真如苑所蔵・『戦武』三三七九］

本史料では、可遊斎が名胡桃の土地三百貫文を所望していたことがわかる。しかし、先ほどの藤原の地と同様に断られているが、再度要望の地を聞いて替地を速やかに渡すと伝えられている。

可遊斎は武田氏との服属交渉時だけではなく、その後も武田氏へ知行地の要求をしていたことは注目すべきであろう。かならずしも要求が通ったわけではないものの、武田氏側も彼の要求を聞いたうえで知行地を決定する配慮をみせており、可遊斎の存在の大きさがここでも窺える。

このほか、可遊斎家臣の服部右衛門尉に出された朱印状では、「河はけ《（川額）》」の地（群馬県昭和村）から六十貫文分の地を宛行うとしている。同地も沼田城の南方、利根川東岸に位置していることから、当時は北条領だった。また、追伸では「すでに当該地の知行宛行状を所持している者がいたならば、（服部氏には）替地で補う」とされており、武田氏側でも、利根川東岸における各人の知行地を完全には把握していなかったようだ。

以上のように、武田氏は沼田開城後の準備を着々と進めていたわけだが、沼田城将の一人であり、真田氏に内通していた用土新左衛門が開城に向けた行動をなかなか起こさなかったため、同年八月十七日付で真田氏から再度書状が遣わされ、一両日中に行動を起こすことを催促されている。用土氏はほどなく開城した。

### （3）上杉氏とのパイプ役

真田昌幸による沼田城の調略が成功した後、用土新左衛門は藤田信吉と名乗りを改め、沼田開城の恩賞として十二月には沼田の地ほぼ一円を宛行われている。

そして、沼田開城を契機として、可遊斎の任務にも変化があった。

一、将来にわたる取り決めを交わしたのだから、たとえ御分国の者たちが、如何なる条件で（勝頼との関係を）妨害してきても容認せず、一途に（勝頼を）重んじます。

一、今後、景勝から軍勢催促があった際には、いつでも人数は（勝頼の）ご意思次第に加勢いたします。

一、警固の体制についてはもちろんのこと、全てにおいて越後（上杉）のことを悪く言う評判が立った際には、すぐに（勝頼へ）報告し、さらに（自分の）考えどおり、思っていることを包み隠さず申し上げます。

［市立米沢図書館所蔵・『戦武』四二九〇］

本史料は、武田方から可遊斎へ送ったいわば「草案」であり、可遊斎がこの内容で異議はないと判断すれば、可遊斎方において清書し、署判を加えて武田方へ提出するといった手順が踏まれたはずである。それゆえ本史料は署判を欠いている。つまり、現在にまで伝えられたこの草案は、可遊斎が控えとして所持していたものと思われ、本来であれば次の世代には不要とみなされ、破棄されてしまう可能性もあった。しかし、本史料は代々小川家に伝えられ、その後、他人の手へ渡ったものの大切に保管されてきた貴重な史料といえよう。

まず一条目では、可遊斎が武田家への忠節を誓っている。二条目では、越甲同盟《えっこうどうめい》を結んでいた上杉氏からの援軍要請があれば、可遊斎が出陣することを約束している。景勝は前年に景虎が自害したことで御館の乱に勝利したものの、依然として各地で戦闘が散発していたほか、越中方面においても織田方との緊張関係が続いていた。こうした状況のなか、武田氏との間で援軍について取り決めが結ばれていたのであろう。

そして三条目で武田氏は、上杉氏に敵意をもっている者を取り締まるため、可遊斎に情報収集・監視役を担わせている。この背景として、御館の乱の際に沼田地域の者たちが北条方として越後上田荘へ侵攻していたことが関係していると考えられる。本章1節で北条氏照から可遊斎へ宛てた書状のところでも述べたが、上杉氏に対して敵意を抱く者が沼田には依然として多かったのだろう。そのため、勝頼は景勝へ軍事的支援をおこなうだけでなく、悪い評判をたてる者を排除することで、武田氏の同盟方針を徹底させるとともに北条方へ通じる者が出てくるのを防ぎ、沼田地域の政情安定化をはかったと考えられる。

本史料の二・三条目からは、可遊斎がもっている上杉方との太いパイプを非常に重要視していたことがわかる。これは武田氏だけでなく、先にみたように北条氏にとっても同様だった。上杉氏とのパイプをもっていたことが、可遊斎を丁重に扱い、重用した理由のひとつであったことは間違いない。

同年十二月、沼田城調略に関する論功行賞がおこなわれ、可遊斎へも七日付で武田家判物が発給された。彼の本領・当知行、所望によって宛行われた土地は、「荒巻」「須河、但し相俣・猿京を除く」「小河」「利根川西河上谷」「木工河上」で、都合千百十貫文分の知行地があらためて確認された。

さらに二日後の九日付武田家朱印状では、「私領分諸役御免許（可遊斎の所領にかかるはずである諸々の役の免除）」「当庚辰より壬午の極月に至る上方出陣御赦免（天正八年から天正十年〈一五八二〉十二月まで上方への出陣の赦免）」を認められ、可遊斎は沼田地域の有力領主の一人となった。

## （4）越後への滞在

天正十年（一五八二）三月、武田氏は織田軍の信濃・甲斐侵攻によって滅亡するのだが、直前の二月、可遊斎が越後に滞在していたことが確認できる。次の史料は、第Ⅰ部第三章で登場した越後上田荘の中心的存在であった栗林《くりばやし》肥前守《ひぜんのかみ》（治部少輔《じぶのしょう》）が、上杉景勝側近の直江与六《なおえよろく》（兼続《かねつぐ》）へ宛てた二月二十八日付書状である。

以前、関東の小川可遊斎が種々のうわさ話を申しておりました。「滞在中の越後から本領である上野国沼田へ引き上げます。木曽氏が織田方に寝返ったけれども、すぐさま特別変わったことは起こらないでしょう」との事、私（栗林）が承りました。その時すぐにご報告申し上げるべきところ、たいした変化がなかったため遅延してしまいました。また、厩橋城《まやばしじょう》（前橋市）の北条高広《きたじょうたかひろ》が南方（北条氏）に懇望し、寝返った噂があります。どのようにいたしましょうか。そして女渕城《おなぶちじょう》（前橋市）には鉢形城から人員を入れるとの事も申していました。そのほかの境目は無事でございます。これらの件について、（景勝へ）ご披露を請うところでございます。

［上杉家文書・『上』二二九二］

天正十年正月、武田氏の親族衆で信濃木曽谷を拠点としていた木曽義昌《きそよしまさ》が織田方へ離反した。この知らせを受けた勝頼は二月二日、上原城《うえはらじょう》（長野県茅野市）に陣を敷いた。翌三日には、小田原の北条氏政の所にも鉢形城の北条氏邦を経由して「木曽義昌が武田氏に敵対した」という情報が入ってきた。したがって二月の早い段階で、越後に滞在中だった可遊斎のもとにも、本領の沼田を通じて同様の情報が入ったであろう。

木曽義昌は武田信玄の娘を娶っていたにもかかわらず織田方へ寝返ったことから、その衝撃は大きかった。可遊斎は「すぐさま特別変わったことは起こらないでしょう」と栗林氏に告げたが、実際には事態が急転していった。そのため、栗林氏は直江氏に対して「木曽氏離反」の報告が遅れたことについて弁明している。

ここで注目すべき点は、可遊斎が武田氏に属していながら上杉領の越後国内に滞在していたことである。1節で触れたように、北条氏は対立していた上杉氏のもとへ可遊斎を派遣していた。したがって、彼は大名の勢力圏内外を問わず、上野と越後との間を自由に往来できる存在だったといえよう。史料ではさらに続けて、栗林氏が北条方の動向についても報告しており、これらの情報源も可遊斎であった可能性が高い。

翌三月、武田氏が滅亡すると、上野国には織田信長の家臣滝川一益が入り、統治が開始された。しかし、三か月後の天正十年六月、本能寺の変による織田信長の死が伝えられると、滝川氏は本国の伊勢へと退去し、替わって北条氏が再び上野に進出してきた。

この間の可遊斎の動きは定かではない。しかし、天正十三年（一五八五）には上杉景勝の配下となっており、会津蘆名《あしな》氏への使者として活躍している。ところが「加沢記」には「天正八年に可遊斎は北条氏に攻められ、降参を申し出たところ、北条氏邦が逆心の張本人であるとして承知しなかった。そのため、可遊斎は小川から落ちて牢人《ろうにん》した」と書かれている。

天正八年というのが誤りであることは、これまでみてきた史料から明らかである。おそらく武田氏が滅亡した天正十年三月からさほど遠くない時期に、越後へ落ちていったと思われる。可遊斎は上杉氏と深い関係にあったことから、景勝を頼り、のちに使者として取り立てられたのだろう。

# 第四章　境目の消滅

## 1　阿久沢氏と北条氏

### （1）黒川谷の攻防

時間を少し前に戻し、永禄十二年（一五六九）越相同盟《えつそうどうめい》締結後の阿久沢《あくざわ》氏の動向についてみていきたい。同盟交渉の間、北条方の使者を沼田へ送り届ける案内役を阿久沢氏がつとめていたことはすでに述べた。

しかし、元亀二年（一五七一）十二月、同盟の推進者だった北条氏康《うじやす》が死去し、当主が氏政《うじまさ》へ代替りすると再び武田氏との同盟を復活させ、越相同盟は破棄された。以後、桐生《きりゅう》領をめぐって上杉氏と由良《ゆら》・北条氏との間で戦闘が繰り返された。元亀四年（一五七三）三月には由良氏が桐生城（群馬県桐生市）を攻め、桐生又次郎《またじろう》は城を明け渡した。

天正二年（一五七四）二月、沼田（群馬県沼田市）に着陣した上杉軍は、三月に入ると由良方に

五覧田城主郭

なっていた赤堀《あかぼり》（同伊勢崎市）・善《ぜん》（同前橋市）・山上《やまかみ》（桐生市）・女渕《おなぶち》（前橋市）の各城を攻め落とした後、阿久沢氏の本拠深沢《ふかざわ》城や五覧田《ごらんだ》城のある渡良瀬《わたらせ》川上流部、黒川谷《くろかわだに》（桐生市・同みどり市）へ進軍し、同月十日には深沢城を攻め立てようとしていた（三〇頁「東上野地域図」参照）。

　だがこの時、阿久沢氏は兄弟で上杉氏へ忠信することを申し出てきた。そこで、上杉謙信《けんしん》はそのまま阿久沢氏を深沢に在城させることにしたのだが、兄弟の態度が気がかりだったこともあり、上杉軍の一部を同城に駐留させた。つまり、阿久沢氏が本当に上杉方へ嘘偽りなく忠信を尽くすのか、謙信は疑っていたのである。

翌天正三年になると、今度は由良勢が黒川谷へ攻め入り、数か所の城を攻略した。由良国《くに》繁《しげ》はそのことを古河公方《こがくぼう》足利義氏《よしうじ》と奏者《そうじゃ》（取次役《とりつぎ》）である芳春院周興《ほうしゅんいんしゅうこう》に知らせ、両人からの返書が九月十四日付で出された。

足利義氏の返書には「去る五日、黒川谷の城二か所を攻撃して退かせ、さらに八日には五覧田城の根小屋《ねごや》において、沼田衆三百余人を討ち取り、頸注文をこちらへ進上したことは報告を受けている。戦功の極まるところ、気分のよい次第であり、最も大切なことである。」と由良氏の働きを賞している。

また、芳春院の返書は「五覧田の地をご再興し、藤生紀伊守《ふじうきいのかみ》を置かれましたこと、沼田から黒川谷へ上杉軍が攻め寄せたところ、二・三か所の在城衆と示し合わせ、敵三百余人を討ち取られ、頸注文を公方様へ進上されましたこと、誠に気分がよく、非常に大切なことです。」とほぼ同内容のもので、今日十四日に公方へ披露したことを伝えている。

義氏の返書にある「城二か所を攻撃して退かせ」たことと、芳春院の「二、三か所の在城衆と示し合わせ」の部分を別の事案として考えると、由良勢は九月五日に黒川谷の二か所の城を攻め落とし、その後二、三か所の在城衆と示し合わせ、八日に五覧田城の根小屋において上杉方の沼田衆三百人以上を討ち取ったことになる。そして、五覧田城に由良氏家臣の藤生紀伊守を置いて再興したという流れとなろう。

注目すべき点は、阿久沢氏の拠点である黒川谷の話であるのにもかかわらず、阿久沢氏がまったく話題にのぼらず、「沼田衆」「沼田から」と記されているように、上杉勢が敵として認識されていたことである。つまり、由良氏が黒川谷へ侵攻した目的は、阿久沢氏を攻撃することではなく、駐留していた上杉軍を討ち取ることだった。

また、「一一・三か所の在城衆と示し合わせ」という状況は、阿久沢方の者が由良方へ寝返った可能性が高く、天正二年に謙信が「兄弟の態度が気がかり」と離反者の出現を心配していたことが現実化してしまったようだ。

したがって、謙信は黒川谷が上杉氏と由良・北条氏との境目であったことから、阿久沢氏がいつ由良方へ寝返ってもおかしくないと認識していたにもかかわらず、そのまま在城させていたことになる。

ようするに、上杉・由良両氏ともに阿久沢氏を排除し、黒川谷を直接支配しようといった意志はなく、阿久沢氏に在地支配を任せなければならない事情があったといえよう。この件に関してはまた後ほど考えてみたい。

それから三年後、上杉謙信の死去によって勃発した景勝《かげかつ》・景虎《かげとら》による跡目相続争い（御館《おたて》の乱）は、天正七年（一五七九）三月の景虎自害によって収束へ向かった。謙信の時代に関東へ進出するための拠点だった沼田城は、御館の乱の最中である天正六年（一五七八）七月、北条氏によって占領されたため、上杉氏の関東における影響力は極めて小さくなってしまった。反対に北条氏は景虎が自害したことにより、御館の乱への介入は失敗したものの、上野国内への影響力は事実上拡大した。

北条氏は、新たな勢力圏として獲得した東上野地域の政治体制づくりをはじめた。その一環として北条氏政は由良国繁宛に条書《じょうしょ》を出している。

　　申し定める条々

一、深沢の地

一、五覧田の地

　右、両地の事、相・越が争った時、越国より取り戻した。しかし、景虎が亡くったからには、上州の采配は当方（北条氏）がおこなうことは当然である。とりわけ、右の両地は河田《かわだ》伯耆守《ほうきのかみ》が関与してきたもので、（河田が）味方に属したとはいえ、当方へ譲渡するとのことであるから、前々の経緯通り其の方（由良氏）へ相談し、取り決めた。

一、高津戸《たかつど》の地

　安房守（氏邦）が現在城番を置いているので、彼より引き継いで請け取られるようにする事。

右、この度事情がわからず明け渡された土地である。子細が不明で、誰が所有権をもっているのかわからない土地であるため、これもまた前々から当地にかかわっておられることから、（由良氏）に任せることとする。

［集古文書・『群』二九五八］

阿久沢氏の本拠である深沢をはじめ、本領である五覧田や高津戸が由良氏へ宛行《あてが》われている。一・二条では、深沢・五覧田の地は前年の沼田城攻めの際、北条方へ寝返った沼田城将のひとりである河田重親《しげちか》が管轄してきた所だが、北条氏へ譲渡したため、これまでの経緯を踏まえ由良氏へ宛行うとされている。

さらに高津戸（みどり市）に関しては、誰が所有権をもっているのかわからない土地であるため、これも以前からかかわってきているという理由で由良氏へ宛行われている。ここでも阿久沢氏の名がまったく出てこないのだが、おそらく同氏は由良氏配下となっていたのだろう。本史料から、境目が解消された時点における阿久沢氏の立場がみえてくる。

すなわち、桐生領が上杉・北条両勢力の境目だった時、由良氏や北条氏に対して、阿久沢氏は上杉氏と繋がりがあることを示すことで存在感を発揮できたのだが、上杉氏の影響力が上野国内に及ばなくなると、阿久沢氏は由良氏に従属せざるを得ない状況になってしまった。由良氏や北条氏にとって、彼はまったく取るに足らない一領主とみなされたのだった。

　このような状況は、前章でみた小川可遊斎《かゆうさい》と同様といえよう。可遊斎も上杉氏とのパイプをもっていたことにより、沼田において存在感を発揮していた。彼の場合は、武田氏が滅亡した時点で、沼田に残る選択を放棄したわけだが、阿久沢氏は可遊斎のように他所から入ってきた者ではなく、先祖代々住み着いてきた土地であり、ましてや上杉氏と密接な関係を結んでいたわけでもなかったため、由良氏に従属せざるを得なかった。

　一方、由良氏にとってみれば、元亀四年（一五七三）に桐生城を押さえていたため、阿久沢氏の所領を手に入れることができれば桐生領の大半が自分の所領となる。となれば、同地域に豊富に存在する木材などの資源、さらには物流の拠点となる渡良瀬川流域をほぼ手中におさめることができる。由良氏は北条氏に従属することで、それを実現させたのである。

　ところが、天正十一年（一五八三）末、由良氏とその同族である館林《たてばやし》長尾氏が北条氏に反旗をひるがえした。当時の関東の状況はといえば、北条方と反北条方の大きく二つの勢力に分かれており、反北条方として佐竹《さたけ》氏・宇都宮氏など北関東の諸氏と越後上杉氏が手を組んでおり、上杉氏の背後には豊臣秀吉がいた。それに対抗するかたちで北条氏の背後には徳川家康が同盟者として存在した。つまり、由良・長尾両氏は反北条方へ寝返ったのである。

　そこで阿久沢氏は、再び境目領主としての活動をみせはじめる。天正十二年（一五八四）五月一日以前、この時の当主と思われる阿久沢彦二郎《ひこじろう》が由良氏配下から北条方へ寝返った。由良氏一族の横瀬掃部《よこぜかもん》は、すぐに沼田城の矢沢頼綱《やざわよりつな》へ阿久沢氏離反を知らせた。矢沢氏は真田《さなだ》氏の家臣で、上杉氏と良好な関係にあった。

北条氏は由良勢の籠っている五覧田城を攻略するため、早速、五月二十八日に阿久沢彦二郎へ知行宛行の約諾となる朱印状《しゅいんじょう》を発した。

そこには「五覧田城を攻略するにあたって、阿久沢氏の要望通りに、桐生仁田山《にたやま》の内、塩原・浅原・小平・塩沢・高津戸の地」を与えると書かれている。後述するが、阿久沢氏の要望は元々所持していた土地の返還だった。

北条氏は五覧田城の攻略を阿久沢氏に求めたわけだが、反北条氏勢力にとって、越後上杉氏と連絡をとるためには「根利通《ねりみち》」を確保しなければならず、そのためには五覧田城を押さえておく必要があった。反対に北条氏側とすれば、同城を落として上杉氏との連絡を取らせないようにすることが必須だった。

七月三日、阿久沢氏は五覧田城を攻略し、北条氏照《うじてる》から普請を急いでおこなうよう指示されている。その後、八月二十三日に由良勢が深沢城へ攻めてきたがそれを撃退したことで、当主北条氏直《うじなお》から感状をもらっている。

結局、由良・館林長尾両氏は十二月末に降伏し、翌十三年正月四日以前に由良国繁は金山《かなやま》城（群馬県太田市）から桐生城へ、長尾顕長《あきなが》は館林城（同館林市）から足利《あしかが》城（栃木県足利市）へと、それぞれ移されることとなった。

## （２）阿久沢氏と由良氏の土地相論

天正十三年（一五八五）六月十日、鉢形《はちがた》城主の北条氏邦《うじくに》から阿久沢能登守《のとのかみ》へ宛てて条書が届いた。

浅原については決着し、百姓たちが戻って来たことは喜ばしく、大切なことです。

一、堤と吉田村に関しては、我々（氏邦）が請負います。もちろん由良国繁も異議はありません。現在、（堤・吉田両村には）由良氏配下である桐生衆の大半の屋敷があるため、由良氏が当主北条氏直へ「小田原から検使を派遣して年貢辻高《つじだか》を決めてほしい」と上申されています。いずれにせよ、この両村の件については、我々（氏邦）が請負いますので、由良国繁も異議はないでしょう。

一、先日、善知・中村の二人を通じて（由良氏の）言い分を聞きました。由良国繁の願いはもっともなことです。当主氏直からも間違いのないようにとのご命令がありました。由良国繁は済みましたので、明後日の十二日に必ずそちら（阿久沢氏）の言い分が書かれた書立てを善知・中村がいただきます。

［京都大学文学研究科所蔵「古文書纂」一・『戦北』二八一五］

桐生城に移された由良氏と、その周辺に知行地をもっていた阿久沢氏との間で土地に関するトラブルが起きたようだ。本史料によれば、浅原については決着した、つまり阿久沢氏の所領との判断が北条氏から下り、百姓たちが戻って来たため氏邦が祝している。一方、堤・吉田両村については氏邦が請負う、つまり由良・阿久沢両者の言い分を聞いて北条家が判断を下すとしており、裁判沙汰になっていたことがわかる。

氏邦はすでに善知・中村の二人を通じて由良氏の言い分を聞き取っており、明後日の十二日に阿久沢氏の言い分が書かれた書立てを善知・中村が預かるとしている。

それから八日後の六月十八日、北条氏一門の吉良氏朝《きらうじとも》が阿久沢能登守へ書状を出している。

書状をみました。そして当主（氏直）から「この度、浅原・吉田・堤は本領として（阿久沢氏に）与えるので、当該地に（吉良氏が）検使を遣わすように」と承りました。そのため検使を遣わしたところ、由良氏が不満を訴えたのでしょうか。そのことを房州（氏邦）から承りました。そうは言ってもご当主のご采配でありますから、まずは（氏直の）ご印判通りにするのが適当であると度々（氏邦へ）言ったところ、房州も同意しました。これによって決着がついたことは本望です。

〔群馬県立歴史博物館所蔵阿久沢文書・『群』三三六二〕

浅原・吉田・堤の地は阿久沢の本領として決着した。そして、当主氏直からの指示により、吉良氏は同地へ検使を遣わしたのだが、由良氏は氏邦へ不満を訴えたようで、氏邦からそのことを聞いた吉良氏は、当主氏直の采配なのだから、まずはその命令通りにするのが適当だと主張し、最終的に氏邦も同意したようである。

こうして由良・阿久沢両氏による土地争いに決着がついたわけだが、この経過をみてもわかるように、阿久沢氏は北条氏権力に頼ることで本領を維持することができた。北条氏が圧倒的な権力で東上野をおさえていた当時、阿久沢氏は自分が置かれた状況をよく理解し、生き残るために最適な行動をとっていた。

その後、天正十六年（一五八八）八月、由良・長尾両氏は再び北条氏に反旗をひるがえし、北条氏照から攻撃を受けた。九月三日、阿久沢能登守は氏邦から書状を受け取った。

こちら（足利）へご軍勢派遣により、（阿久沢）助太郎《すけたろう》が参陣しました。（長尾顕長）長新が今日に至っても、（北条氏直の）ご命令に応じないため、城向かいの山の手に陣取って、毎日お働きになっています。しかし、そちら（深沢）は境目であるのに対して、こちらは落ち着いた状況であることから、ともかく助太郎をお返しします。北条方の様子は見聞した通りに報告するでしょう。

〔京都大学文学研究科所蔵「古文書纂」一・『群』三三二四〕

阿久沢能登守は子の助太郎を氏邦のもとに参陣させていた。その理由は、足利城に籠城していた長尾顕長を攻略するためであった。しかし氏邦は、深沢城周辺が境目であるのに対して、こちら（足利）は落ち着いた状況であるから、助太郎を能登守のもとへ返すとしている。当時、深沢城周辺は由良方（反北条方）との間で緊張状態となっていたため、氏邦は「境目」と表現している。沼田には上杉氏と同盟関係にある真田氏がいたことから、氏邦は「根利通」を利用して由良・真田両氏が連携することを危惧していたのだろう。

こうした境目の状況は、阿久沢氏が由良氏配下から離反したことによって生じたもので、彼自身がつくりだしたものだった。先にみたように一時期、北条氏を頼らざるを得ない状況だったが、ここにきて再び阿久沢氏は、北条氏と反北条氏勢力との境目に位置するキーパーソンとなった。

しかしそれもつかの間、翌年二月には桐生城の由良国繁が降伏し、三月には長尾顕長も降伏した。桐生・足利両城は破却され、由良氏は小田原に在府することとなった。さらに、八

名胡桃城主郭

月中には豊臣秀吉の仲介により、沼田領が真田・北条両氏の間で分割された。沼田城は北条氏へ明け渡され、猪俣邦《いのまたくに》憲《のり》が在城することとなった。この時点で阿久沢氏と「根利通」の重要性が失われ、境目領主として生きていく道が閉ざされてしまった。

そして、十一月一日頃、沼田城の猪俣氏が真田方の名胡桃《なぐるみ》城（群馬県みなかみ町）を奪取したことで、秀吉の怒りを買ってしまった。いわゆる「名胡桃城事件」である。北条氏は対豊臣戦争の準備を開始する。もはや阿久沢氏は北条氏と運命をともにするしかなかった。

同月二十六日、北条家朱印状を受け取った阿久沢能登守は、来月五日に阿《あ》曾《そ》の寄居（群馬県昭和村）へ三十人を召し連れて行き、翌六日に番所を受け取り、氏邦が派遣した者たちと相談しながら番に当たるよう指示を受けた。

さらに翌天正十八年（一五九〇）正月六日には、秀吉との全面対決を覚悟した氏直から阿久沢氏へ書状が届き、総勢四十一名を召し連れて、今月十五日までに小田原へ参陣するよう命じられている。

その後、阿久沢氏が小田原へ参陣したのかどうか、詳細はわからない。後世に記された「阿久沢氏系譜」には、七代目能登守の代に「小田原北条家落城」のため、牢人《ろうにん》となったことが記されている。

こうして阿久沢氏の戦国時代は終わった。深沢城の北にある正円寺《しょうえんじ》の脇には阿久沢氏累代の墓が今も残されており、江戸時代に帰農し、同地で暮らしていた痕跡を垣間見ることができる。

## 2　越後における可遊斎の活動

前章でみたように、小川可遊斎は武田氏が滅亡した天正十年（一五八二）三月からさほど遠くない時期に、沼田から越後へ向かったと思われる。彼は謙信の時代から越後と深い関係があったことから、景勝を頼ったのだろう。

その後、可遊斎が再び史料上に登場するのは天正十三年と推定される三月八日付直江《なおえ》兼続《かねつぐ》宛の富田氏実《うじざね》書状である。富田氏は会津蘆名《あしな》氏の重臣で、景勝の重臣直江氏と連絡を取り合っていた。本書状で富田氏は近況を報告し、最後に「猶、可遊斎はご才覚があるでしょうから、詳細は書きません。」と記している。つまり、可遊斎は上杉氏の使者として富田氏の許へ来ており、本書状を越後へ持ち帰って直江氏へ渡すとともに、詳細を口頭で報告することになっていた。富田氏の書き様からは、可遊斎が連絡事項を正確に直江氏へ伝えてくれると、全幅の信頼を寄せていたことが窺える。

翌年八月、蘆名氏家臣の新国貞通《にっくにさだみち》と針生盛信《はりゅうもりのぶ》が、それぞれ直江氏と景勝に書状を送っている。両者の書状の内容はほとんど同じで、景勝が上洛して豊臣秀吉との対面を済ませ、無事帰国したことを祝し、さらに景勝が越後北部の新発田《しばた》氏討伐へむけて出陣予定であるとの報告を受け、それに賛意を表している。また、会津では静謐が保たれていることなどを記し、最後に「詳細は可遊斎に頼みました」として、この時も可遊斎が使者をつとめていたことがわかる。

二年後の天正十六年正月、景勝は信濃の小笠原貞慶《さだよし》の家臣降幡治部大輔《ふるはたじぶのたいふ》へ宛てて書状を送った。前年の景勝による新発田氏討伐の際、小笠原氏は降幡氏を含む援軍を派遣していた。

内容は、越後国北部まで参陣した降幡氏を慰労するもので、書状の最後に「なお、可遊斎の口上があります」と記されており、景勝の言葉を可遊斎が降幡氏に伝えることになっていた。つまり、可遊斎は使者として信濃の降旗氏のもとへ行ったのである。

以上のように、可遊斎は書状を単に届けるだけではなく、書状には書けない重要な用件、もしくは書ききれないような詳細を口頭で伝える役割も担っており、景勝はもちろんのこと相手方からの信頼も厚かったことが窺われる。

その後、慶長二年（一五九七）のものと推定される八月二日付の直江兼続書状は、可遊斎が登場する最後の史料である。本史料は宛先が欠けていることもあり、はっきりとした文意はとりにくい。同年の八月から九月にかけて、越後国頸城《くびき》・刈羽《かりわ》・古志《こし》・三島《さんとう》・蒲原《かんばら》の五つの郡で検地がおこなわれていた。直江氏は「国中のご検地帳を作成するにあたって、勘定できる者が多く必要なので、府内・春日の町人も必要となっています。府内より十五人、春日町より五人、以上二十人に命じられて、可遊斎・村田入道に引き渡してください。」と書いている。当時、可遊斎は検地にかかわる人員手配の仕事をしていたようである。

以上、可遊斎が越後へ来てからの動向をみてきたが、天正十年の武田氏滅亡の際、知行地を放棄して越後へ移ることができたのは、武田家臣でありながらもつねに上杉氏とのパイプを持ち続けていたことによるもので、このことは境目領主が生き残るためのひとつの方策だったといえよう。

また、彼が景勝配下となって以降、会津蘆名氏への使者として活躍できたのは、危険が伴う佐野と越後との間を往復していた経験が買われたのかもしれない。

可遊斎は戦国の世に生まれ、仕える大名を転々としながらも境目領主として見事に生き抜いた。彼の子孫は、景勝が会津、そして米沢に移った後も代々上杉家に仕え、明治を迎えている。

## 3　上杉氏会津転封後の栗林氏

栗林《くりばやし》氏については、第Ⅰ部第一章で治部少輔《じぶのしょう》（肥前守《ひぜんのかみ》）、第Ⅱ部第一章で治部少輔の養父次郎左衛門尉《じろうさえもんのじょう》をみてきた。治部少輔は上田荘《うえだのしょう》において次郎左衛門尉と同等、もしくはそれ以上のポジションを手に入れたが、その後はどうなったのか。

文禄三年（一五九四）に上杉氏家臣団の定納高と軍役人数を書き上げた「定納員数目録《じょうのういんずうもくろく》」をみると、治部少輔にかわって栗林又八郎《またはちろう》の名が載っている。同目録によれば、又八郎は深沢和泉守《いずみのかみ》とともに「坂戸衆《さかどしゅう》」の統轄者として、「同心衆」十七名を付けられている。また、深沢氏の定納高が約二百二石なのに対して、又八郎は三百七十石と圧倒的に多いことから、まさしく治部少輔の跡を継いだ者であることがわかる。

また、江戸時代に入ってから上杉氏家臣団の系譜を編纂した「御家中諸士略系譜《ごかちゅうしょしりゃくけいふ》」では、栗林家の系図が「次郎左衛門頼忠《よりただ》」からはじまり、「肥前守政頼《まさより》」、「監物久頼《けんもつひさより》」と続いている。久頼の説明には「始め又八郎、慶長四年（一五九九）中家督す」と書かれており、この記述を信じると、先ほどの「定納員数目録」作成時にはまだ家督が譲られていないことになる。ちなみに又八郎の父である「肥前守政頼」の説明の最後には、「会津迄供奉《あいづまでぐぶ》、慶長四年中卒ス」と書かれている。これも後述するように慶長四年の時点ではまだ生きているため、当該部分についての情報は誤りであろう。

「定納員数目録」に又八郎が記されていることからすれば、これ以前に家督は譲られていたとみるべきで、そうであれば、肥前守（治部少輔）は隠居したことになるが、その後も彼の活動を確認することができる。

慶長三年（一五九八）正月、景勝は豊臣秀吉の命により会津へ転封となった。二月には景勝家臣たちの会津各地への配属が決められ、三月末には移動をほぼ終えた。同年八月、秀吉が死去すると二年後に起こる関ヶ原の合戦に向かって事態は進んでいく。

慶長五年（一六〇〇）六月、景勝の軍事力増強に懸念を示していた徳川家康は、征伐へ向けて動き出した。七月二日に江戸城へ入り、十九日には徳川秀忠《ひでただ》を総大将とした軍勢を会津へ差し向け、家康自身も二十一日に出陣した。

このような状況下、七月二十八日付で景勝は栗林肥前守ほか二名へ書状を出している。

厳重に申し遣わす。そちらでの普請、皆々の苦労について深く感じ入っている。さらに大国但馬守《おおくにたじまのかみ》と相談し、防備を固めることが第一である。境目で何か変わったことがあれば報告するのはもちろんである。

〔秋田塩谷文書・『福島県史』7資料編2一一二〕

本書状では、境目において何やら普請をしていることがわかる。三人がどこの境目にいたのかは、次に掲げる九月七日付の栗林氏ほか四名へ宛てた景勝書状をみるとわかる。

鶴淵《つるがふち》の普請について、皆の苦労は言うまでもないことである。特にすべて堅固に完成させることが重要である。今後さらに番などのことで油断があってはならない。

〔井上氏所蔵文書・『新潟県史』資料編5中世3三八五八〕

彼らは「鶴淵」の普請をしていたことが確認できる。同地は現在の栃木県日光市上三依《かみみより》にある鶴《つる》が渕《ふち》城のことで、会津と日光を結ぶ会津西街道沿いに立地する。徳川軍が江戸から会津へ向けて進軍してくるなかで、会津西街道にも軍勢が来ることを景勝は想定し、普請が進められていたのだろう。現在の遺構は、南北に通る街道を挟んで堀と土塁が東西に続いており、城というよりも街道を北上してくる敵の進軍をここで阻止するための防塁といった感じなのだが、未完成のまま放置された状態なのかもしれない。

二点の史料からわかるのは、栗林肥前守らが対徳川氏の最前線において、普請をおこないつつ防衛の任務にあたっていたことである。彼は越後上田荘にいた時、上野国との境目にあった荒砥《あらと》関所を管轄していたことから、そうした経験・実績が景勝から評価されて鶴が渕城普請と境目防衛を命じられたのだろう。

こうして景勝は、下野との境目の防御を固め、対徳川戦に備えたわけだが、石田三成反逆の報を受けた家康は、小山《おやま》（栃木県小山市）から軍を引き返して関ヶ原へと向かった。おそらくこの時が栗林肥前守（治部少輔）にとって、最後の景勝への奉公だったと思われる。

## 4　武田氏滅亡後の安曇郡

では最後に、第Ⅰ部第一章でみた等々力《とどろき》氏が成長を遂げた信濃国安曇《あずみ》郡の武田氏滅亡後についてみていこう。天正十年（一五八二）に織田軍が信濃へ侵攻してくると、仁科盛信《にしなもりのぶ》は高遠《たかとお》城（長野県伊那市）において奮戦したものの最後は自害を遂げた。

武田家臣のなかでいち早く織田方へ寝返った木曽義昌《きそよしまさ》は、その功績を賞されて三月二十日に織田信長から安曇・筑摩《つかま》二郡を与えられた。早速、彼は四月五日付で大網宗兵衛《おあみそうべえ》と大所豊《おおどころぶん》後守《ごのかみ》へ旧領安堵《あんど》を通達し、「信玄《しんげん》・勝頼《かつより》両代の時と変わらずに扶持《ふち》する」ことを約束している。大網・大所両氏は、千国道《ちくにみち》筋の信・越両国境目に本拠がある領主だった。

さらに木曽氏は、四月七日と十日に倉科七郎左衛門《くらしなしちろうさえもん》へ大町《おおまち》近辺の所領を預け置くとともに旧領安堵を通達している。倉科氏は、武田氏時代の天正七年（一五七九）四月二十八日、仁科盛信から越後攻略での功績によって、千国（長野県小谷村）・小谷《おたり》（同村）・和田（同松本市）に知行を宛行われ、翌年には武田勝頼からも知行宛行と御家人としての奉公を求められている。つまり、倉科氏は第Ⅰ部第一章でみた等々力氏と同様な活動をおこなっていたものと考えられる。このように木曽氏は境目領主たちへの早急な対応によって、上杉氏との境目を維持しようとしていた。

木曽氏の動きに対して、上杉氏側の対応はどのようなものだったのか。次の史料は、景勝の側近直江兼続が西片房家《にしかたふさいえ》へ宛てた四月二十九日付の書状である。

「仁科筋」へ兵を送りこむようにとのこと（景勝からの命令）です。良い報告があれば、再度のご注進をお待ちしています。また、先日書状にて告げ知らせましたが、そちら（西片氏）から敵地（木曽方）への出入りを遮断するようにとの強い（景勝からの）ご命令ですので、そのようにご承知なさるのはもちろんのことです。

〔「歴代古案」十二・『上』二七六〇〕

直江氏は、①「仁科筋」へ兵を送り込むこと、②敵地（木曽方）への出入りを遮断すること、以上二点を西片氏へ命じている。彼は千国道筋の越後側にある根知《ねち》城（新潟県糸魚川市）に在城していたようで、「仁科筋」とは千国道を信濃方面へ入った地域のことを指している。つまり、根知から信濃方面へ兵を進軍させつつ、信濃と越後との交通を遮断せよという意味だ。その目的は第Ⅰ部第一章でみた謙信期と同様に、両国境目における地下人《じげにん》たちの交流を遮断する意図があったと考えられる。

その後、六月二日に本能寺の変が起こると、景勝はさらに防衛を固めるため、人員を根知へ送っている。同月七日には楠川将綱《くすかわまさつな》を派遣し、軍勢を信濃小谷方面へ差し向けた。七月五日、西片・楠川両氏が直江氏へ書状を送っている。

去る六月晦日《みそか》、（景勝の）ご書状を信州小谷において謹んで拝見いたしました。沢渡《さわど》方が人質を差し出すと申されてきた件、（沢渡氏の使者が）こちらへ参りました。小谷衆の人質については、すべて受け取りました。仁科衆も沢渡氏をはじめ、人質を差し出す模様で、（人質を連れて）こちらへ参ると申されているため、まだ人質を受け取っておりません。

〔上杉家文書・『上』二四四三〕

西片・楠川両氏は小谷に在陣中で、仁科一族の沢渡氏が人質を差し出すと申し出てきたこと、小谷衆からは人質をすべて受け取ったが、仁科衆については、まだ人質を受け取っていないことを直江氏へ報告している。上杉氏は、「小谷衆」「仁科衆」といった千国道沿いの地《じ》侍《ざむらい》集団から人質を取ることによって、彼等を配下に置き、安曇郡を掌握しようとしていたことがわかる。

つまり、安曇郡を統轄していた仁科盛信が死去し、武田氏が滅亡した後においても、「仁科衆」という組織的枠組みを利用して掌握しようとしていたのである。そのため、上杉氏は盛信の後継者をいち早く決める必要があった。

九月四日、景勝は仁科一族の日岐盛直《ひきもりなお》を惣領に据え、仁科織部亮《おりべのすけ》として所領を宛行っている。その内訳は「盛直の望み通り」として、本領以外に池田郷（長野県池田町）・滝沢（同町）・萩原（同安曇野市）・細野（同松川村）・松川（同村）・小塩（不詳）を宛行っており、かなり大規模な知行宛行《あてがい》となっているが、これらの土地に上杉勢はいまだ到達しておらず、宛行は約諾にすぎなかった。

上杉軍が千国道筋を南下していた同時期、深志《ふかし》（長野県松本市）には武田信玄に信濃を追われた小笠原長時《ながとき》の息子である貞慶が戻ってきていた。

八月九日、日岐《ひき》城（長野県生坂村）攻略のため、貞慶は仁科氏の親類である古厩《ふるまや》・渋田見《しぶたみ》氏に対して穂高に陣取るよう命じた。また、翌日には本山《もとやま》筋（長野県塩尻市）において木曽勢を撃退した。当時、貞慶は木曽氏に代わって安曇郡の南部を掌握していた。

七月の時点で上杉方へ人質を差し出すと言っていた沢渡九八郎《くはちろう》に対して、貞慶は九月十九日に沢渡の地を安堵することを約束して味方につけた。

さらに十月十日、倉科七郎左衛門に十五貫文の知行を宛行い、同月二十七日には追加で安曇郡の地を宛行っている。この時、倉科氏には横瀬《よこせ》（大町市八坂）・正科《しょうじな》（池田町池田）・清水かいと（大町市常盤）など、安曇郡のなかでも仁科氏の本貫地である大町周辺の土地が与えられている。

倉科氏は、先にみたように、武田氏滅亡後に木曽氏から旧領安堵状と、大町周辺域の地を受け取ったものの、上杉勢の安曇郡侵攻によって小谷方面の土地は不知行となってしまった。そこで、貞慶は千国道筋の情勢に詳しい倉科氏を味方につけるため、あらためて知行を宛行ったのだろう。

その後、天正十一年（一五八三）二月、仁科一族・被官らによる小笠原氏への謀叛の企てが露見し、貞慶によって討ち取られるという事件が発生した。十二日付で貞慶が家臣の犬飼《いぬかい》氏に送った書状では、苅谷原《かりやはら》（松本市）に在城していた赤沢氏の謀叛が露見したため、切腹させたことを報告している。さらに十四日付で、次のような書状を送っている。

> 昨夜午前零時頃、当城において古厩を成敗した。謀叛が決定的だったことにより、このような事態になった。合わせて上下二十人ほどを討ち取った。そして、仁科へ多くの者を派遣して、道心《どうしん》・今井四郎次郎の両人を討ち取った。因幡守《いなばのかみ》子息（古厩平三《へいぞう》）は逃亡したが、必ず捜し出すつもりだ。そのほか謀叛の心をもった者たちの成敗を命じた。このような事態のため、そちら（犬飼氏）も用心することがいっそう大切である。（当方において）色々と処置を命じているため、二十日頃まで（犬飼氏の）勤務交代はないだろう。仁科の処置が済んだあとにでも、勤務交代がおこなわれるだろう。
>
> 「御書集（笠系大成付録）・『大町市史』第二巻資料編一八三」

十三日の深夜、貞慶は松本城（この頃、貞慶は「深志」を「松本」と改めた）内において、謀叛

松本城

を企てた疑いで古厩因幡守とその被官たち二十人余りを討ち取った。その後、安曇郡へ兵を派遣し、道心・今井四郎《しろう》次郎《じろう》の両人も討ち取った。この時、古厩氏の子である平三を逃してしまったが必ず捜し出すと報じている。

さらに同日付の書状がもう一通犬飼氏に送られ、古厩・塔原《とうのはら》両氏が同心して謀叛を企てたこと、一人ももれなく討ち果たしたので筑摩・安曇両郡の仕《し》置《おき》はおおかた思い通りになった、と貞慶は述べている。

それから二日後、十六日付の犬飼氏宛貞慶書状に、その後の経過が記されている。

古厩平三を細野郷にて討ち取った。沢渡九八郎も捕縛した。仁科の処置はすべて思い通りになった。小谷へは細萱《ほそがや》を派遣した。これも一区切りついた。間違いなく、めでたいことこの上ない。

［御書集（笠系大成付録）・『大町市史』第二巻資料編一八五］

この日、十四日に逃亡した古厩平三を細野にて討ち取り、沢渡九八郎も捕縛し、仁科の処置はいずれも思い通りになったため、貞慶は小谷へ細萱氏を派遣した。

結局、二月十二日から十六日までの間に、古厩父子とその被官らをはじめ、塔原・道心・今井氏などが討ち取られ、沢渡氏が捕えられたのだった。ただし、沢渡氏についてはのちに「古厩・塔原には与《くみ》せず、謀叛を起こす気持はなかった」として赦免され、五月には本領を安堵されている。

貞慶の一連の行動は、反小笠原派の者たち、あるいは武田氏統治時代に武田氏や仁科氏と近かった者たちを排除し、貞慶による支配を安定させるための「粛清」といえるかもしれない。

貞慶は、二月二十二日付で犬飼氏へ送った書状のなかで、「仁科の者たちは、総じて身勝手な振舞いをしており、さらに思慮のない者たちである。なんとしても日岐城のことがひと段落したら、知行の割り当てのことについて悉《ことごと》く考え直すつもりだ。」と述べている。

一方、武田氏統治時代に仁科氏勢力拡大の影響を受け、穂高社（安曇野市）造営の大旦那職を奪われた細萱氏にとって、貞慶が入部してきたことは地位回復のチャンスだった。貞慶も細萱氏のような武田氏統治時代に冷や飯を食わされていた者たちを積極的に重用したのではないだろうか。沢渡氏を捕えた後、細萱氏が在地の動揺を防ぐため小谷へ派遣されたことは、彼の地位が上昇したことを物語っている。細萱氏は、以後も小笠原氏配下として重用された。のちに小笠原氏にかわって石川数正《かずまさ》、次いで子康長《やすなが》が松本城主として入った時代、文禄五年（一五九六）の仁科神明宮式年造宮《にしなしんめいぐうしきねんぞうきゅう》の際には「本願」として名を残しており、細萱氏は地域の中心的な人物となっていた。

貞慶が筑摩・安曇の仕置をおおかた終えた頃、上杉勢はどうしていたのか。二月十四日に直江兼続が西片氏へ宛てた書状がある。直江氏は「牧野嶋《まきのしま》城（長野市）からの報告によれば、仁科洞中《うつろちゅう》の者どもが西片のところで思いがけない策略を弄するという。是非待ち受けて、ひと働きしてほしいと言ってきた。」と告げ、仁科衆が何かしらの行動を起こすという情報をつかんでいた。

これは先の古厩氏らの謀叛の動きを指しているのか、はたまた上杉軍に対する小笠原貞慶側の動きを指しているのか不明だが、いずれにせよ、上杉氏側では仁科衆（洞中）という従来の組織的枠組みで認識し続けていたことに変わりはなかった。

こうして、上杉景勝は武田氏滅亡後においても、「仁科衆」をそのまま利用して安曇郡を統轄しようと試みていた。しかし、仁科盛信の死去後、本来は仁科衆を取りまとめるべき存在であった渋田見氏が小笠原方につき、勝頼時代に頭角を現した等々力氏は史料上から姿を消してしまった。そのため仁科衆はひとつにまとまらず、上杉派・小笠原派に分裂したようである。

ちなみに、等々力氏の子孫は、天正十八年（一五九〇）の豊臣秀吉による小田原城攻めの際、小笠原秀政《ひでまさ》配下として出陣し、大坂冬の陣では、小笠原忠脩《ただなが》の配下としてその名がみえるが、江戸時代には帰農したようである。

結局、小笠原貞慶が武田氏支配に不満をもっていた者たちを味方につけ、仁科衆内における反小笠原派の者たちを一掃したことによって安曇郡を手に入れた。貞慶は天正十二年三月三日付の書状において、初めて「仁科衆」という言葉を使用している。これ以前に彼が「仁科衆」という言葉を使用した形跡はなく、内部分裂状態におちいった「仁科衆」は実態として「衆」という組織の体裁をなしていないことを理解していたのではないか。こうした実態に合わせて対処したことが、上杉氏との安曇郡争奪戦に勝利した要因であろう。

# エピローグ

## 1　境目の戦国社会と民衆

### (1) 開かれた境目

戦国期の境目にスポットを当てて、様々な人びとの活動をみてきた。最後にこれまで述べてきたことをまとめて、境目が近世へ向けてどのように変容していったのかについて触れておきたい。

境目の特質としてまず挙げなければならないのは、その開放性だ。プロローグで触れたが教科書などに掲載されている戦国大名の勢力図をみてしまうと、それぞれの「国」の境界が明確なラインとして定められ、その出入りは厳重に管理されていたと錯覚してしまう。おそらく図をみた瞬間に現代の「国境」をイメージしてしまうためだろう。

しかし、実態をみればわかるように、敵対していた武田氏と織田氏との境目では定期的に市が開かれていたり、東京湾を隔てて対峙する北条氏と里見氏との間でも商人が出入りしていたりと、思いのほか開かれていた。

そこは民衆ばかりではなく、領主たちも交易のために往来したり、大名でさえも武器やその原料を入手するために半手《はんて》の村を利用したりと、あらゆる階層の人びとが集まってきていた。

ただ、上杉謙信《けんしん》が沼田において「人留《ひとどめ》」をおこなったり、千国道《ちくにみち》を往来していた上郷《かみごう》・根《ね》知平《ちだいら》の地下人《じげにん》たちの通行を禁止したりするなど、大名の都合によって交通路が封鎖される場合もあった。

ところで、境目のなかでもとりわけ研究者が注目した半手では、日々の平穏を手に入れようと公的・私的を問わず村々の意志によって半手を選択していたことが窺える。しかし、半手の成立によって軍事的に中立の立場に置かれるということは、大名による安全保障の対象地域から外れることを意味しており、もし大名間のパワーバランスが崩れ、戦争となった際には自衛しなければならないリスクがあった。一方、半手ではない村々では年貢公事や軍役の負担があるものの、それと引き換えに大名による安全保障の対象地域となり、自衛のための負荷は軽減される。

つまり大名にとって、半手の要求を受け入れることは、当該地域の安全保障の義務を負わなくて済み、なおかつ半分ではあるものの年貢納入があるため、経済的にはメリットがあった。また、年貢を納めるという行為は、領主としての正当性を村側が承認したことを示す政治的な効力を伴うため、大名には受け入れやすい条件だった。

ようするに、半手は単に村落側が主体的に生み出して、大名側が譲歩したものというよりも、村と大名双方がその場に応じてメリット・デメリットを天秤にかけて選んだ、ひとつの選択肢だった。

こうした半手を含む境目においては、前述したように人びとの出入りが多かったことから、大名にとっては敵方の情報を入手しやすい場所でもあった。当の住人たちも「稼ぎ」として敵方の情報を大名へ提供することもあった。

織田信長軍が武田氏を攻めるために信濃へ侵攻した際、北条氏政《うじまさ》は鉢形《はちがた》城主の氏邦《うじくに》に「西上野の半手の郷の者に褒美を与えれば、敵方の策略に関する情報を得ることはたやすい」と言っていたが、この言葉は半手の者たちの特質をよく物語っている。

## （2）戦時の境目

境目の住人たちにとって、自分たちの安全を保障し、生活環境を保護してくれる大名であれば誰が支配者になろうとあまり関係なかった。そのため、戦時ともなれば村々はあらゆる情報を手に入れ、分析し、有利な方に味方する場合が多かった。

もちろん、命がけで大名のために戦うことはまれで、上杉景勝《かげかつ》の「地下人たちに在城を命じても必ず城を捨てて逃げてしまうから、彼らだけに城をもたせるな」という発言は、大名としての一般的な認識だったろう。

しかし、そのような境目の住人も大名にとっては重要な戦力だった。上杉謙信は、越中との境目の村々に武器を用意させ、「自分たちの村は自分たちで守る」という論理で、地域防衛の一端を担わせようとしていた。

隣国の武田信玄《しんげん》の場合、「仁科衆《にしなしゅう》」を警戒していた。仁科衆のなかには上杉方にいつ寝返ってもおかしくない者が存在していたため、信玄は「仁科衆を本城へ一切入れてはならない」「仁科衆に油断してはいけない」と家臣へ注意を促していた。とはいえ、仁科衆の協力無くして安曇《あずみ》郡の攻略は不可能だった。結局、大名は境目の住人たちが敵方へ離反しないよう気遣い、細心の注意を払いながら、彼らを利用していく必要があった。

このような状況は大名の給人(家臣)たちにおいてもまた同様だった。上杉景勝と景虎《かげとら》との跡目相続争い(御館《おたて》の乱)では、景勝のもとで戦っていた給人たちのなかから度々関東を目指して逃亡する者が出てきた。景虎の籠る御館に行かなかったのは、身の安全を危惧したからであろうか。

このような動きの裏では、自軍の味方になるよう様々な説得工作がおこなわれていたこともみた。沼田地域の地侍《じざむらい》集団である「川田衆《かわだしゅう》」は、武田氏滅亡後に真田《さなだ》方と北条方に分裂してしまった。しかし、北条方の平井《ひらい》加兵衛《かひょうえ》は真田方の小林文右衛門《こばやしぶんえもん》のところへ行き、いとも簡単に会い、話に花を咲かせつつ北条方へつくよう説得していた。

戦時には人びとの動きが非常に流動的になったが、地元住人たちのつながりは敵味方に分かれようとも、そう簡単に崩壊しなかったことも窺われる。だからこそ、景勝や信玄たちはつねに警戒を怠らなかったのであり、逆に川田衆の事例では、北条氏が彼らのつながりをうまく利用して、真田方となっていた者を味方につけようとしていたのである。

## (3)境目の周辺で

大名は、先にみたような流動的な人びとの流れを止める＝離反を防ぐために、主だった家臣から地下人に至るまで人質を取っていたと一般的に言われている。そのこと自体確かではあるのだが、人質を差し出している側の視点からみると、大名の人質供出命令に対して、やむを得ず差し出していたとはいえない一面もみえてきた。

境目の地下人や敵と対峙しているような前線にいる領主たちが人質を差し出す場合、妻子を安全な場所で保護してもらうことを意識していた。彼らは軍役をつとめ、大名に奉仕するかわりに安全な場所で妻子を預かってもらう。人質はこうした両者の双務的関係を反映するものだった。

上野国の住人たちのなかで上杉氏に従う者は、越後上田荘《うえだのしょう》に人質を預けていたことが史料から窺われる。上杉・武田両氏の境目だった山鳥原《やまどりはら》の住人たちは、武田氏側に取られた妻子を取り返してもらおうと上杉氏を頼り、謙信は大石・栗林《くりばやし》両氏に対して詳細な指示を送り、その対応に特段気を遣っていた。そして、妻子を取り返せなかった場合を想定し、山鳥原の住人たちを上田荘に避難させることも考えていた。大名にとって境目の住人を如何に味方として引き入れるかは重要な課題だった。

また、境目の城へ通じる街道整備をおこなう場合、街道沿いの住人たちの協力が不可欠だった。戦時に「山小屋」などへ避難した住人たちをゴーストタウン化した町場に戻す、もしくは新たな移住者を集めて、街道沿いの宿や伝馬《てんま》の機能を担ってもらう必要があった。そのために大名は町場の安全を保障したり、住人たちの租税免除などの優遇措置を講じたりしたのである。

## 2　境目領主と戦国大名

### (1)「根利通」の利権

小川可遊斎《かゆうさい》が、上杉謙信の命によって越後―佐野間の物資輸送にかかわりはじめた永禄十年(一五六七)、謙信の関東における勢力は北条・武田両氏の進出によって縮小を余儀なくされていた。そうしたなかで、上杉氏の最前線拠点だった唐沢山城《からさわやま》と沼田城との間をつなぐ生命線となっていたのが「根利通《ねりみち》」だった。

「根利通」の通行にかかわる利権をもっていたのが阿久沢《あくざわ》氏で、彼の本拠である深沢城《ふかざわ》は、関東平野から赤城山東山麓をまわって沼田に至る「根利通」の山間部への入口に位置していた。しかし、上杉氏は利根郡と勢多郡との境目にあたる根利に関所を設置し、発智長芳《ほっちながよし》を責任者として配置した。

すると早速、阿久沢氏は発智氏に対しクレームをつけてきた。発智氏が謙信重臣の山吉氏へ報告したところ、その返信で山吉氏は「上杉方の関東における勢力が弱まっていることに付け込んだ「いまいましい」クレームだ」という謙信の苛立ちを記していた。ほかにも新田《にった》由良《ゆら》氏による通行の妨害などに触れて「物事をわきまえて判断すること」を求める謙信の言葉などが伝えられ、阿久沢氏がこの書状の写しを読むことも想定していた。上杉氏が唐沢山城までの往復に「根利通」を利用せざるを得ない状況のなかで、阿久沢氏は自己主張を強めていたのである。

しかしその後、越相同盟《えっそうどうめい》の話が持ち上がり、上杉・北条両氏との間で交渉が始まると、阿久沢氏は沼田への案内者として、発智氏は両大名のパイプ役として奔走し、大名間交渉に境目の者たちがさまざまなかたちで関与した。

彼らが果たした役割は、元々境目で生きていくために備えていた特質を生かしたものであり、それは境目が開放性をもっていたからこそそのものだった。ただし、発智氏の場合は越後から派遣された「よそ者」だった。それにもかかわらず根利関所を任されたのは、上杉氏の味方となるよう関東の領主たちの間を奔走していた経験が買われたのだろう。

## (2)国境地域の管轄

上杉謙信・景勝の時代、越後・上野両国の境目では栗林氏が影響力をもっていた。栗林次《じ》郎左衛門尉《ろうさえもんのじょう》は、上田荘―沼田間における様々な指令を謙信から受け、上田衆の軍事指揮者にまでなった。しかし、彼は上田衆の一員として同じ身分の者たちに囲まれており、謙信からリーダーとして抜擢されたものの、ほかの上田衆の者からすれば、栗林氏、ひいては謙信の命令に従う必要があるのかという思いがあった。さらに、毎年のように関東へ越山していたため、上田衆に負担が重くのしかかっていたこともあり、軍役を拒否する者も少なくなかった。栗林氏が上田衆を統率することは困難を極めたにちがいない。

また、謙信といえども上田長尾氏《うえだながお》をボスと仰ぐ上田衆を簡単に解体することはできなかった。というより、上田長尾氏の血を受け継ぐ景勝を養子として迎え入れたため、そのまま組織を生かして利用しようとしていたのかもしれない。しかし当初、謙信は命令に従わない者への成敗権を栗林氏に与え、どうにか上田衆を動かしていたというのが実情だった。

栗林次郎左衛門尉は、国境地域の管轄者として、さらには上田衆の軍事指揮者として実績を積み、魚沼郡の郡司職《ぐんじしき》をもつまでに至ったわけだが、彼の跡を継いだ治部少輔《じぶのしょう》が景勝のもとで同様な道を歩んでいったことは、これまでみてきた通りである。

国境地域のなかでも特に大きな利権が絡んでくるのが関所だった。上・越国境の三国《みくに》峠を越後側へ少し下ったところに荒砥《あらと》関所があった。天正十二年(一五八四)二月、沼田城の矢沢・金子両氏が上杉方へ従属したことで、三国街道の通行が再開されようとしていた時期、栗林治部少輔は荒砥関所の管轄者が自分であることを景勝へアピールしていた。彼の行動をみると、関所の利権が如何に魅力的に映っていたのかがわかるだろう。

信・越国境の千国道筋では、国境が封鎖されていた時期、等々力《とどろき》氏が越後方面の情報収集役を果たしていた。彼はその後、国境が開放されると安曇郡の実質的統轄者へと成長していった。

結局、境目の開放性は利権を生み出し、領主たちがそこにかかわることで大きな収益を得ていたわけで、境目においては領主権力の強弱を知行地の広さ、数の多さだけで測ることはできないのである。

## 3　戦国時代の終わりと境目のその後

### （1）境目領主のその後

戦国時代も最終段階を迎えると、大名が淘汰されていくとともに境目も減少していくことになる。上野国もその例に漏れず、境目で生きてきた領主たちはそれぞれ別の道を歩んでいく。

上杉・北条両氏とのはざまで生き抜いてきた阿久沢氏は、上杉氏の関東における影響力が消滅すると由良氏に従属し、由良氏が北条氏から離反すると今度は北条方となった。その後、豊臣秀吉によって北条氏が滅ぶと牢人《ろうにん》したと伝えられており、最終的には深沢の地で帰農した。

信・越国境で活躍した等々力氏の場合も武田氏滅亡後、史料上から一時姿を消したが、その系譜はやはり土着し江戸時代に入ると大庄屋をつとめた。

小川可遊斎は武田氏滅亡後、越後へ逃れ、景勝のもとで使者として活動し、その才能を存分に発揮した。

## （2）境目のその後

こうして境目領主たちは消えていったのだが、境目そのものはどうなっていったのだろうか。プロローグでも少し触れたが、一本の線で境界を区切ることは、境界争いが生じた場合の解決策として存在したものの、国郡境などすべての境界を明確に線引きしようという考えは、近世に入ってもまだまだ浸透していなかったようである。

たとえば江戸時代の国と国との境についてみてみると、幕府は一国単位で描かれた国絵図《くにえず》の作成・提出を諸大名に命じている。国絵図は、慶長・正保・元禄・天保の四回にわたって作成されたという説が有力で、絵図には国境が線引きされている。だが、その線が実態として認識されていたかといえば、そうではなかった。

国境を跨いだ地域間で山林資源や水利をめぐって相論が起きると、国境がどこを通っているのかが争点となり、公権力による裁判によって解決の道を探ることもあった。つまり、地図上に国境の線が引かれていても、実態として住人たちが境界の通っている場所を認識していたわけではなく、やはり一定の空間的広がりをもったものとして認識され続けていたのである。

たとえ相論において裁決が下ったとしても、争いとなっている現場で必要最低限の部分に線引きがおこなわれるだけだった。そのため絵図上に「国境は不明である」といった文言が書かれる場合も少なくなかった。

それでも元禄国絵図作成の際には、国境の正確な記載が幕府から求められ、元禄国絵図改訂では、国境・郡境の相論になっている場所を解決しておくことを前提として、国境の縁絵《へりえ》図《ず》の作成が命じられた。その際、隣国同士の縁絵図を相互に突き合わせて厳密な国境の確認をおこなわせたという。

明治時代に入ると、新政府は廃藩置県に伴い府県境・郡界を定める必要に迫られた。もちろん国絵図も参照されたのだが、やはり各地で主張の違いが表面化し、政府自らが境界の査定にあたることもあった。

郡界の場合も同様で、国絵図からその位置を同定しようとしたが、特定が困難とされた場所、さらには両郡界付近の村落がお互いに明確な境界を定めていなかった場所もあった。山《さん》野《や》は複雑な所有・利用形態をとっていたため、境界も明瞭ではなかったということだ。

したがって、前近代において境界が線で決まっていた部分というのは全体のごく一部で、当時の人びとにとって、境界はあいまいなものという考えが当たり前だった。ところが近代に入って欧米の境界認識が入りこみ、行政区画が線によって定められ、外国との境界も一本の線として認識されていったことで、現代人の境界認識が形成されていったのである。

## (3)おわりに ——あいまいな境目——

戦国時代の境目の社会にスポットを当て、様々な具体的事例をみてきた。ひるがえって現代社会のなかで境界の問題について考えようとすると、真っ先にイメージするのは国境であろう。それは国境をめぐる問題がつねにニュースとして巷に溢れていることが大きな要因と思われる。かくいう日本も国境問題を複数抱えており、その解決の糸口さえみえていない状況だ。

右のような問題が生じた要因は様々であろうが、欧米から入ってきた境界認識、つまり一本の線によって境界を決める、決めなければならないという考えが、争いの根底には存在している。このようなことは現代人からすればごく当たり前な話ではあるのだが、かつては「境目」というまったく別の境界認識が存在していたことも事実である。

境目からは、国を閉ざすことの不可能性があらゆる場面でみえた。そこに住む民衆や領主の間では、交易などを通じた様々なネットワークが保たれており、大名は彼らの生命・生活を守ることを求められた。だからこそ、境目はあいまいにならざるを得ないのである。

こうした境目の存在によって、大名間による直接的な戦闘が生じにくくなっていたという指摘もある。今も世界各地で領土紛争が続く現代社会は、果たして戦国の世から「発展」「進化」したのであろうか。戦国人からそう問いかけられているように感じる。

【参考文献】


浅倉直美「上野国の給人領・直轄領と金山在城衆」同著『後北条領国の地域的展開』岩田書院、一九九七年、初出一九八六年。

稲葉継陽「境目の歴史的性格と大名権力」同著『日本近世社会形成史論─戦国時代論の射程』校倉書房、二〇〇九年、初出一九九五年。

稲葉継陽「中世後期における平和の負担」稲葉前掲書、初出二〇〇〇年。

井原今朝男「「山小屋論争」について─紛争処理における武力と平和」同著『中世のいくさ・祭り・外国との交わり─農村生活史の断面』校倉書房、一九九九年。

大貫茂紀『戦国期境目の研究─大名・領主・住人─』高志書院、二〇一八年。

大貫茂紀「近世山国地域における境界認識と由緒」坂田聡編『古文書の伝来と歴史の創造─由緒論から読み解く山国文書の世界─』高志書院、二〇二〇年。

小野寺淳・倉地克直「江戸幕府による国絵図・日本総図編纂事業」小野寺淳・平井松午編『国絵図読解事典』創元社、二〇二一年。

片桐昭彦「上杉景勝の権力確立と印判状」同著『戦国期発給文書の研究─印判・感状・制札と権力─』高志書院、二〇〇五年、初出二〇〇〇年。

片桐昭彦「長尾景虎（上杉謙信）の感状とその展開」片桐前掲書。

勝俣鎮夫「戦国時代の村落」同著『戦国時代論』岩波書店、一九九六年、初出一九八五年。

金子達「上杉氏と上田長尾氏」『湯沢町史』通史編上巻、二〇〇五年。

喜多祐子「明治期における国絵図の利用―府県境、国界、郡界を中心に」小野寺淳・平井松午編前掲書。

久保健一郎「「境目」の領主・再論」『史観』一五九、二〇〇八年。

栗原修『戦国期上杉・武田氏の上野支配』岩田書院、二〇一〇年。

黒田基樹「戦国期外様国衆論」同著『増補改訂　戦国大名と外様国衆』戎光祥出版、二〇一五年、初出一九九七年。

黒田基樹「戦国期「半手」村々の実態」同著『戦国期領域権力と地域社会』岩田書院、二〇〇九年、初出二〇〇六年。

群馬県立歴史博物館編『戦国人―上州の一五〇傑―』上毛新聞社デジタルビジネス局出版部、二〇二一年。

小林茂喜「仁科五郎盛信の歴史的位置と役割」『信濃』六〇-八、二〇〇八年。

小林清治「戦乱をめぐる権力と民衆―加敗状・小屋上り・還住掟書」同著『秀吉権力の形成―書札礼・禁制・城郭政策』東京大学出版会、一九九四年、初出一九九四年。

齋藤慎一『中世東国の領域と城館』吉川弘文館、二〇〇二年。

齋藤慎一『中世を道から読む』講談社、二〇一〇年。

笹本正治「武田氏の商人支配」同著『戦国大名武田氏の研究』思文閣出版、一九九三年、初出一九七九年。

柴辻俊六「武田領の交通政策と商品流通」同著『戦国大名武田氏の支配構造』名著出版、一九九一年、初出一九八四年。

柴辻俊六「信濃仁科氏の領主制」同著『戦国期武田氏領の展開』岩田書院、二〇〇一年、初出一九九六年。

鈴木良一「戦国の争乱」『岩波講座　日本歴史』8、岩波書店、一九六三年。

竹井英文『戦国武士の履歴書―「戦功覚書」の世界』戎光祥出版、二〇一九年。

則竹雄一『戦国大名領国の権力構造』吉川弘文館、二〇〇五年。

荻原進「加沢記解説」『沼田市史』資料編1別冊、一九九五年。

福原圭一「戦国時代の戦争と「国境」」地方史研究協議会編『信越国境の歴史像―「間」と「境」の地方史―』雄山閣、二〇一七年。

藤木久志『豊臣平和令と戦国社会』東京大学出版会、一九八五年。

藤木久志『新版　雑兵たちの戦場　中世の傭兵と奴隷狩り』朝日新聞社、二〇〇五年、初版一九九五年。

藤木久志「村の動員」同著『村と領主の戦国世界』東京大学出版会、一九九七年、初出一九九三年。

峰岸純夫「軍事的境界領域の村―「半手」を中心に―」同著『中世災害・戦乱の社会史』吉川弘文館、二〇〇一年、初出一九九五年。

村井章介「外浜と鬼界島―中世国家の境界」同著『日本中世境界史論』二〇一三年。

盛本昌広「戦国時代の久良岐郡」同著『中世南関東の港湾都市と流通』岩田書院、二〇一〇年、初出一九九九年。

盛本昌広『境界争いと戦国諜報戦』洋泉社、二〇一四年。

簗瀬大輔「戦国期桐生領の林産資源と生業」同著『関東平野の中世―政治と環境―』高志書院、二〇一五年、初出二〇〇七年。

簗瀬大輔『上野の戦国地侍』みやま文庫、二〇一三年。

山田邦明「上杉謙信の地下人動員令」『戦国史研究』四〇、二〇〇〇年。

山田邦明『上杉謙信』吉川弘文館、二〇二〇年。

山本浩樹「戦国期戦争試論－地域社会の視座から」池上裕子・稲葉継陽編『展望日本史』一二、東京堂出版、二〇〇一年、初出一九九七年。

**大貫 茂紀**　おおぬき しげき

1967年東京都生まれ。中央大学大学院文学研究科博士後期課程修了。博士（史学）。
現在、中央大学商学部特任准教授。著書に『戦国期境目の研究―大名・領主・住人―』（高志書院、2018年）。

**● テキストデータ提供のお知らせ**

視覚障害、肢体不自由、発達障害などの理由で本書の文字へのアクセスが困難な方の利用に供する目的に限り、本書をご購入いただいた方に、本書のテキストデータを提供いたします。
ご希望の方は、必要事項を添えて、下のテキストデータ引換券を切り取って（コピー不可）、下記の住所までお送りください。

**【必要事項】**データの送付方法をご指定ください（メール添付　または　CD-Rで送付）

メール添付の場合、送付先メールアドレスをお知らせください。
CD-R送付の場合、送付先ご住所・お名前をお知らせいただき、200円分の切手を同封してください。

**【引換券送付先】**〒606-8233　京都市左京区田中北春菜町26-21　小さ子社

**＊公共図書館、大学図書館その他公共機関（以下、図書館）の方へ**
図書館がテキストデータ引換券を添えてテキストデータを請求いただいた場合も、図書館に対して、テキストデータを提供いたします。そのデータは、視覚障害などの理由で本書の文字へのアクセスが困難な方の利用に供する目的に限り、貸出などの形で図書館が利用に供していただいて構いません。

**境目《さかいめ》の戦国《せんごく》時代《じだい》**
―上杉《うえすぎ》・武田《たけだ》・北条《ほうじょう》のはざまを生《い》き抜《ぬ》いた人《ひと》びと―

2022年7月10日　初版発行

著　者　大貫茂紀

発行者　原　宏一

発行所　合同会社小さ子社
〒606-8233 京都市左京区田中北春菜町26-21
電話 075-708-6834　FAX 075-708-6839
E-mail info@chiisago.jp　https://www.chiisago.jp

装　幀　尾崎閑也（鷺草デザイン事務所）

印刷・製本　モリモト印刷株式会社

ISBN 978-4-909782-15-1

テキストデータ引換券
境目の戦国時代